ひきこもる子ども・若者の思いと支援

自分を生きるために

春日井敏之・櫻谷眞理子
竹中哲夫・藤本文朗 編

三学出版

執筆者紹介（執筆順）

第１部
第１章　福本和可
第２章　西野真司
第３章　奥村和秀
第４章　北野健一
第５章　たなかきょう
第６章　中上洋介

第２部
第７章　鴻原崇之（和歌山：ＮＰＯ法人エルシティオ　元スタッフ）
第８章　竹内冬彦（愛知：ＮＰＯ法人なでしこの会　元スタッフ）
第９章　相馬契太（北海道：NPO法人訪問と居場所　漂流教室　スタッフ）
第10章　竹久輝顕（京都：京都市ユースサービス協会「子ども・若者支援室」スタッフ）

第３部
第11章　春日井敏之（立命館大学文学部、大学院応用人間科学研究科教授）
第12章　竹中哲夫（日本福祉大学名誉教授、日本福祉大学心理臨床研究センター（心理臨床相談室）研修指導員）
第13章　櫻谷眞理子（立命館大学産業社会学部教授）

※本書の執筆者名は一部仮名です。

まえがき

本書のタイトルは、『ひきこもる子ども・若者の思いと支援―自分を生きるために―』としました。これには、ひきこもる人（不登校の人を含む）の思いに寄り添いながら、支援あるいは支援ネットワークをつくっていこうという私たちの思いがこめられています。他方では、ひきこもる人の思いは多様でとらえがたいという印象さえあります。

第1部「不登校・ひきこもりを経験した若者たちの思い」では、登場する不登校・ひきこもり体験者の一人ひとりの思いに耳を傾け、その人たちの歩んできた道筋をたどりながら読んでいくと、多様な思いの中に何か焦点化されるものがあると思います。ひとことで言えば自分らしく生きたい、でもそれが思うようには実現しないという葛藤がひしひしと伝わってきます。そのなかで、自分の生きてきた時間の意味を考えあぐねて、一時は、人の輪や社会の輪から離れて、晴れない思いで暮らしている姿が浮かんできます。しかし、このような暮らしの中でも、何らかの転機が訪れ、人とつながり、他の若者たちと社会的な場を共有しつつある姿が浮かんできます。

第2部「さまざまな支援ネットワークの取り組み」では、さまざまな若者支援の現場の実践が語られています。個々の若者支援施設から、広いネットワークを前提とする支援組織、親の会・家族会の取り組みまでを含みます。いずれの実践も、悩んでいる若者たちと若者の悩みを「なぜ」と問いながらも真意を図りかねしんどい思いをしている親たちにも寄り添いつつ展開されています。ここからは、支援を組み立てていこうとする意欲と様々な支援の道筋をさぐり工夫していこうとする創造性が伝わって来ます。支援という実践を通して変わるのは当事者だけではなく、支援者も大いに心が豊かになり成長しているという姿を見ることもできるのではないでしょうか。

第3部「ひきこもり支援の方法を考える」では、若者をとりまく社会環境の変動と不登校・ひきこもり、若者支援の政策動向、具体的な支援のあり方についての検討など、多少理論的なことも含まれています。しかし、ここでも支援者・研究者として、若者や親・家族の思いと現状を踏まえた支援論が展開されています。

第1部から第3部までを通して、本書では、ひきこもる人（不登校の人を含む）の思いや生活、親・家族の思い、およびそれらに影響する社会的・歴史的背景などを全体として関連づけて理解し、支援のあり方について検討しようとしています。

しかし、読者のみなさまの読み方はもっと多様であり、批判的な読み方も共感的な読み方もあると思います。是非、本書に対する率直なご意見やご批判をお寄せいただきたいと思います。読者のみなさまのご意見と各執筆者の思いが交錯するところに、不登校・ひきこもりの理解と支援についての新たな道筋が見え始めるのではないかと考えています。

目次

第2部　さまざまな支援ネットワークの取り組み

第3部　ひきこもり支援の方法を考える

第1部　不登校・ひきこもりを経験した若者たちの思い

第1章　わたしにとっての不登校経験とその後

福本和可

はじめに

こんにちは。私は元不登校のアラサー女子です。「司法書士」という仕事をしていて、同じ資格で開業している父の下で修業中です。不登校経験者を中心としたピア・サポート事業のスタッフもしています。小学6年生で不登校になり、中学は私立に進学したものの行けなくなり、3年生に進級する際公立に転校、不登校のまま卒業しました。卒業後1年家にいましたが、父親の事務所で働き始め、1年半ほど勤めました。その後大検予備校に行き大検を取得、大学に進学しました。大学卒業後は一般企業に就職、2年勤めた後一念発起して退職、受験勉強に専念して司法書士試験に合格しました。…というのが私の簡単な経歴です。

「不登校を克服して資格まで取ってえらいですねえ！」みたいなことを時々言われます。でも、自分ではトントン拍子な感じはなく、どうにかやってきたという気持ちが強くて、ほめられると妙な感じがします。第一、人間ってそれほど変わるものではなく、私の性格や内面は不登校をしていた頃と一続きだと思っています。そして不登校初期のことを思い出そうとすると20年経つのに涙が出ます。全然「克服」していません。でもなんとか社会に出て仕事ができているのは、当事者であった頃に必要な支援をしてもらったからだと思います。「その人にとって本当に必要な支援は何か」というのは実に難しいと、ピア・サポートのスタッフとして若者に関わるようになって感じます。

これからお読みいただくのはあくまで個人の経験ですが、支援のあり方を考えるきっかけや参考になれば幸いです。ずいぶん前の経験ですので記憶が薄れていたり、近年の事情と違う面もあるかと思いますが、20年たったからこそ見えてくるものもありました。不登校当時は、自分の状態を言葉で表現できず苦しかったですが、こうして文章にできるようになったんだなと、当時の自分を遠くから眺めるような気持ちです。

不登校のはじまり

私が不登校になったのは、１９９５年の6月頃。大阪の公立小学校の6年生でした。夏休み直前の時期に3日間休み、「今日から行こう」と思っていたのに朝ごはんを食べて制服に着替えたあと、歯を磨きながらそのまま座り込んで動けなくなり、「どうしたんや」「なんで行かれへんの?」と口々に責める両親の声が聞こえました。

当時、学校では授業中に「隣の教室に遊びに行ってくるわ」と出て行ってしまったり、ファッション雑誌を読むような担任がおり、クラスは荒れてギスギスした雰囲気でした。家に帰れば母は弟の育児と実家の会社の資金繰りで情緒不安定気味、父は仕事のストレスで子どもに八つ当たり…といった環境でしたので、相当疲れていたのでしょう。学校はもともとあまり好きではありませんでしたが、どれかの要因がなければ不登校にはなっていないかもしれません。とにかく私が動かない（動けない）ので、バトルの末、諦めて父は出勤、母は学校に電話をかけてくれました。

両親がなんとか行かせようとしていた期間というのは、意外に短く、わずか1～2週間でした。ただ、学校にさえ行かなければ、晴れ晴れとした日々を送れるのではありません。不登校になってしばらくは、誰も家にいなくなると、ノソノソとパジャマのままで起きてきて、布団にくるまってぼんやりTVを見ていました。でもおもしろいわけじゃなく、全く感情が動きませんでした。その状態から少したつとTVゲーム三昧の毎日になりました。ゲームをしていると不安や罪悪感など、嫌なことを忘れられました。そこへ避難することで救われた部分が大きかったのです。夏休みは比較的普通に過ごしましたが、休み明けに学校には行けませんでした。でも登校を促されることはありませんでした。母が、夏休み中に大阪で開催された「登校拒否・不登校問題全国の集い」に参加し、そこで話を聞いて「これは長引きそうだから今無理させたらあかん」と感じたのだそうです。

秋頃、母の友人の娘さんが通っていた京都にある少人数の小中高一貫の私学へ見学に行き、受験することに決まりました。冷静に考えると通学がかなり大変ですが、私学へ進学すれば行けるだろう、という希望やなんとか挽回しないと、という追いつめられ感が親子ともにありました。受験のために、算数だけは母の友人に教えてもらいに行き始めました。家でも「勉強しなさい」と毎日のように言われました。でもまだしんどくてこっそりゲームをやる日々でした。勉強しないからと、親にゲーム機を隠されたときはショックで、父の机と洋服ダンスに金槌で穴を空けました。それくらいその頃の私にとってゲームは心の支えでした。

不登校の場合、勉強はある程度落ち着かないとできませんが、私の場合不登校の大きな原因が先生だったせいか、学校と先生に対しての不信感がいつまでも拭えず、「勉強＝学校、先生」のように感じて、余計にできなかったように思います。これは後々まで尾を引くことになります。それでも中学には合格でき、ほっとしたことや両親が喜んでくれたのを覚えています。

中学入学～不登校再び～原因探し

中学に入学し、しばらくは心機一転！とがんばって通っていましたが、1時間近くかかるラッシュ時の通学は大変でした。行きは基本的に座れず、帰りは「寝過ごしたらあかん」と寝られず、同時に小学3年生の妹も転校したので面倒も見なければならず、時には貧血でブラックアウト。京都駅から家に電話をかけたものの、「そこまで行けたんやからがんばりなさい」と言われることもありました。帰ったらヘトヘトでした。最初こそ気が張っていましたが、途中からは数学の授業がわからないのと通学で精一杯なのとで宿題もできず、できないから行くのも嫌になる…といった感じで、さらに朝ご飯も給食も食べられなくなりました。半年ももたずに、夏休み過ぎから再び休みはじめました。最後の方は保健室に行くこともありました。

すると、母は不登校の原因を探しはじめました。体力がないからではと、青汁を飲まされたことも。今では笑い話ですが、真剣に「飲みなさい！」とキレていた母を思うと、よっぽど途方に暮れていたんだな、と思います。病院にも連れて行かれました。その病院のことは「いろいろ聞かれて不愉快だった」くらいしか印象に残っていません。一通り検査して体に異常がなかったので、次は心理テストを宿題として渡されたそうですが、母はもう病院はいいと思ったらしく、親子して冗談半分で回答しました。そもそも母が西洋医学をあまり信用していなかったのでよかったのですが、通い続けていたら薬漬けだったかもしれません。

子どもが元気になっていかない通院はすべきではないと自分の経験から思います。ただ自分自身は何かの病気だったらいいのに、と思っていました。学校に行かないことが正当化できるからです。うつの人が「ある朝、ストーブの前で動けなくなった」と言うのをテレビで見て、ご飯も食べずパジャマのままストーブの前にぼーっと座ってみましたが、おなかが減っただけでした。

カウンセリングに通い始めて

不登校から回復するにあたっての最大のターニングポイントは、カウンセリングに通い始めたことだと思います。母が弟の幼稚園で、あるカウンセリングルームの所長さんの講演会を聞いて「この人なら！」と思ったらしく、そこへ行こうと言われました。最初は行きたくありませんでした。「カウンセリングって心の病気の人が受けるもの」と思っていたし、上から目線で諭されたくもなかった。当時の私は不信感の塊でした。「行きたくない」という私に、母はこう言いました。「お母さんがあんたの状態を知りたいから、行ってくれへんか」。なぜか「いいよ」と言えました。「学校に戻るために行く」という意図が感じられなかったからかもしれません。

そして私の希望で女性の先生との面談が決まりました。最初の面談の際、今までのことを話したところ、先生は「よくがんばってきたねえ」と言ってくれました。たったこれだけのことを誰も言ってくれなかったんですよね。雰囲気も優しそうで、この人なら信頼できるかもと思い、週１回のカウンセリングが始まりました。最初は母と２人でしたが、途中から父も加わりました。平日だったのでかなり渋ったらしいですが、よく来てくれたものです。

面談では、私だけ、両親だけ、と交代で部屋に入って先生と話す時間がありました。私だけの時は、好きなアニメや漫画、声優さんの話を聞いてくださったり、アニメの下敷きの英文を一緒に訳してくださったり、声優になりたいと言ったら、養成所に電話をして下さったこともありました。両親の方は、普段の私とのやり取りをメモして持っていくという宿題があったようです。その他、父に聞いたところによると、私の状態をわかりやすく説明して下さっていたそうです。カウンセリングを受けて変わったのは、私よりも両親、特に父だろうと思います。父は、口を開けばダメ出しばかり、というような感じで、あまり一緒に過ごしたくない存在だったのですが、カウンセリングが始まってからずいぶん丸くなりました。母も父の愚痴を言うことが少なくなりました。

でも40を過ぎた大人が、自分は子どもへの接し方を間違えていたと認めるのは、自分が大人になってみると難しいことだとわかります。先生のカウンセリングスキルの高さもあったと思いますが、父もえらいなと思います。そして徐々に家が居心地のいい場所になっていきました。普段弟や会社のことに手がとられがちな母と、行き帰りの車の中で邪魔されずに話せるのもよかったです。カウンセリングを続けながら進級し、中学2年生になりました。

このころ母方の祖母が体調を崩し、療養のため一時奈良に転居しました。ひとりでは心配だと、私も一緒に暮らすことになり、半年ほど2人暮らしをしました。自宅ではなかった個室をもらえたため、初めて昼夜逆転を経験しました。絵を描いたり音楽や深夜ラジオを聞いたりと、自分の時間を好きに使うことができました。祖母は学校に行かなくても好きなことを思いっきりやればいいと、うるさく言うことはありませんでした。

中学にはたまに行っていましたが、正直意味がないくらいの「たまに」でした。それでもその学校を諦めるために、必要だったのでしょう。でも、行くたびに「なんか違う」と思っていました。ある人物の思想に基づいて作られた学校だったのですが、その思想が形骸化してしまっているように感じていたのです。特に校長の話は、「こういう素晴らしい人がいました」などと言うだけで、「結局何が言いたいの？」と思ってしまうことが多かったのです。大人ならそんなものだと割り切れても、中学生には「内面は薄っぺらいのに偉そうな顔をしている」と感じて、許せなかったのでしょう。

そういうことも面談で話していたからか、中学2年生の終わりごろになってそのまま進級するか迷っていると、カウンセラーの先生に校長と話に行くことを勧められ、実際に行きました。そこでも上っ面ばかりな感じがして、「もういいや」とその学校に対する執着のようなものがストンとなくなりました。行く前にカウンセリングの場で、どういうことを言いたいか整理させてくださったのも大きかったと思います。中学3年生から公立に転校することに決め、カウンセリングも一区切りついたということで、卒業しました。

「学校に行かない」～進路決定～中学卒業

転校したとき、「学校に行かない」ことを自分で決めました。ここへ来て初めて私は平穏を取り戻したように思います。しばらくは、好きなことをして過ごしていました。でも、やはり進路のことを心のどこかで考えざるをえませんでした。不登校になってからほぼ勉強をしておらず、中学1年生の学力レベルの私が高校受験レベルまで半年で行くなんて絶対無理だと思っていました。それに学校や先生に対しての不信感は、今でも引きずっているほど根深いものがあり、できればもう二度と「学校」という場所には行きたくなかったのです。

でも、いずれ何かの方法で稼がなくてはいけないことはわかっていました。学校に行かず将来ご飯を食べられないかずっと考えていました。イラストレーター、アニメーター、声優、農業…。イラストの通信講座をやらせてもらったものの、ハイレベルすぎて投げたこともあります。農場に農業体験をさせてもらいにも行きました。そこは畑と養豚、移動動物園をやっていて、屠殺場に連れて行っていただいたり、近くの農家で牛の搾乳を見せていただいたりと、貴重な経験もさせてもらいました。だけど、これで食べていく！というものにはそう簡単には出会えませんでした。そうこうしているうちに日が過ぎ、母に全寮制高校の見学や、百貨店で行われる私学合同説明会に連れて行かれました。私学説明会では、看護師免許が取れる高校がまだいいかな、と思えました。私にとって学校に行く意味とは「将来の仕事につながること」でしたので、普通の高校では行く意味がないように感じました。看護師免許があれば養護教諭になることもでき、不登校の子どものために働ける、とも思いました。その学校のブースで先生に話を聞き、「不登校でも一般入試に通れば入れますよ」と言われて、母に「じゃあがんばる」と言ってしまいました。

でも、勉強しないと、と思いつつも手につかず、母に「勉強せな高校行かれへんで」と言われて教科書を開いてみるもののわからなくて挫折する、ということを繰り返しました。学校見学会にも申し込みしましたが、当日の朝しんどくて「行けない」と言いました。母はかなり怒っていましたが体が動かず、結局母一人で行ってもらいました。その後も途方に暮れて動けない毎日を送り、結局キレた母の「どーすんの！もう高校行かへんのか⁉」という言葉に「うん」と答えました。私にしてみれば「ああ、お母さんの方から言ってくれてよかった」という感じでした。ちなみに父は「そうかー」とあっさりしたものでした。そして、進路を決めずに中学を卒業しました。

周りは「がんばったら高校に行ける」と言いましたが、私は「がんばらなくても行けるところでないと行けなかったんです。学校に戻ることだけでしんどいのに、必死で勉強をしないと行けないというのではハードルが高すぎました。それに当時は通信制サポート校などもありませんでした。ですから選択に後悔はありませんが、弟が進学の際に入試が面接だけの通信制サポート校を選び、入学してからも親身になってもらっているのを見て、私の時にあったら行けてたかもしれないなあと思いました。

中学卒業後～不登校の一区切り

中学卒業とともに引越したこともあり、重石《おもし》が取れたような感じでしたが、将来は不安でした。それでも以前と同じような生活を続けていました。絵や漫画を描いているうちに漫画の同人誌を作って売ってみたいと思い、同人誌即売会に参加し始めました。するとお小遣いでは足りなくなってきて、母に「毎日夕ご飯を作るからお金をくれない？」ともちかけました。母は快諾してくれ、軍資金ができました。同人誌即売会には月1回ほど行っていました。活動は4、5年続けましたが、友だちもできてとても楽しかったです。

中学卒業後1年ほどした頃、司法書士事務所を開業している父から「事務員さんが辞めたから、働きに来ないか」と誘われました。働くことに興味があり、お金もほしかったので、「行ってみる」と答えました。この選択は、父との関係が良好になったからできたことでした。また、具体的な働きかけがありがたかったです。「ブラブラしてないで働きなさい」だと動き出せなかったでしょう。結果的に1年半ほど勤めましたが、ほぼ欠勤なしで、滋賀から大阪まで通い続けました。十分にエネルギーが貯まっていたので、続けられたのだと思います。

「働くって大変そう」とか「社会って怖そう」と思っていましたが、働き始めるとそうでもないことがわかりました。そして今後も何かの仕事をするには学歴が必要だと思い、まずは大検予備校に行くことに決めたのです。当時は司法書士資格を取るつもりはありませんでした。

予備校は思っていたほど学校っぽくなく、先生も優しくてよかったのですが、ヤンチャな感じの子たちが教室にいるのがしんどくて、休み休み通っていました。それでも大検に合格でき、そのまま大学受験コースに進みました。大学に行くことにしたのは、大検取得だけでは就職先がないよと先生に言われたからです。予備校に入ってからは流れに乗って大学まで行った気がします。

大学は人文学部を選びました。歴史や民俗に興味があったからです。大学は学生に任せる部分が大きいので管理されないところは楽でした。授業も楽しかったです。小規模の大学で、１回生から基礎ゼミ、２回生後期から専門ゼミがあって、友だちが作りやすかったり、ゼミの先生の研究室という居場所があったこともよかったです。ですが、特に人間関係をがんばりすぎて、入学して半年で疲れてしまいました。１回生の後期からは、単位を落とさない程度に休んでいました。あれは、リハビリ中にフル稼働してなかなかケガが治らないような状態でした。人間関係は経験が必要ですが、同世代との付き合いが中学1年で止まっていて、慣れてない分気が張って疲れちゃうんですよね。

そういうことも当時はわからず、授業はおもしろいけど、行くのがしんどい。でもなんでしんどいかわからない。親には「学費払ってんねんからな」と言われ、自分は怠惰だ、自己嫌悪…みたいな状態が長く続きました。それでも単位が取れちゃうあたりが大学なんですが。３回生の後期に、半年間調査研究に集中し大学に来なくてもいいという科目を履修し、奄美大島で民謡についての聞き取り調査をしました。この科目で大学に行く気持ちが持ち直したように思います。島の人たちには驚くほど親切にしていただき、この経験は今の私の核になっています。大学を選ぶときは慎重に選んだわけではなく、学力的に無理がなく、おもしろそうな授業があったから選んだのですが、結果的にはこの大学だから卒業まで通えたのかもしれません。就職もちょうど採用が増えた年だったので、なんとか正社員として採用が決まりました。

大学卒業が不登校になってからのひとつの区切りだったように感じます。

私にとっての不登校と「支援」

不登校の始まりって「選択」ではないんですよね。少なくとも私の場合、「学校が辛いから明日から休もう」と頭で考えたわけではありませんでした。むしろ「動けない、立てない、でも行かなくちゃいけない」という矛盾した苦しさがありました。だから、不登校をしてよかったとか後悔しているという語り方はあまり意味がありません。

私にとっての不登校は、今の自分のスタート地点でした。職業選択や社会への目線などは不登校経験から大きな影響を受けていると間違いなく言えます。それらは個が確立していく多感な年代に不登校という人と違う経験をし、ひとりの時間の中で本や新聞を読んだり、様々なことを考えたからこそ私の中で育まれたものだと思います。人間は順風満帆な時ばかりではなく、様々な事情の中で生きているということも皮膚感覚でわかるような気がします。

不登校を意味のある期間にできたのは、家で落ち着いて過ごせたからです。不登校から回復するプロセスには「落ち着いて過ごせる時間と空間」が必要だと思います。私は中学3年生で「学校に行かない」と決め、両親がそれを受け入れてくれて初めて元気になれたのです。だから、最大の支援者は両親であったと思います。もちろん両親とも支援のスキルを身につけたわけではないので、嫌なことを言われたりされたりした経験は数知れず。でも少なくとも、学校に戻る戻らないということよりも、もっと根本的に私がどうすれば幸せに生きられるかということを考えてくれたと思います。

いわゆる「不登校支援」を私はほとんど受けていません。そもそも20年前には支援の枠組みがまだ整っていなかったのです。もしあったとしても、結果的になかなか回復できずにしんどくなっていたかもしれないので、なくてよかったかもしれません。こういった「支援」が必要な状況もあるとは思いますが、不登校になった子全員に「学校の代わり」として当てはめるべきではありません。年下の経験者の話を聞くと、様々な「支援」を受けています。でもその子たちがみんな元気に学校や社会で過ごせているかというと必ずしもそうではないのです。むしろ、まだしんどそうだったり、今も摂食障害が治らないという子もいました。

積極的に支援を受けてほしいのは、不登校の子と過ごす親です。家が落ち着いて過ごせる場所であるということは立派な、そして強力な「支援」ですが、そのためには親御さんがまず精神的に安定することが必要だからです。私の母も、フリースペースで同じ立場の人と話すことで気持ちが楽になったようです。

ピア・サポートの場で

「ＵＮＩＴＥ♪ハーモニー」は社会で生きづらさを感じている若者のピア・サポート事業です。私の母が代表を務める「親子支援ネットワーク♪あんだんて♪」という団体が主催しています。スタッフは全員不登校経験者です。私が関わり始めたのはスタートして1年くらいの頃。最初は「今月女性スタッフがいないから来て」と母に頼まれ、軽いノリで参加しましたが、いまやどっぷり関わっています。実際に参加者さんと関わったり、社会の中で若者が抱える問題を知って、この活動を細々とでも続けていきたいなという気持ちが出てきました。

参加者さんは主に不登校を経験した10～20代の若者です。不登校って学校に戻れば終わり、ではありません。急に生まれ変わったように明るく元気になって、お友達もたくさんできて、毎日機嫌よく学校に通う…ならいいんですが、「気持ちは不登校」みたいな状態って結構続きます。ブランクがあった分、学校に通うことで精一杯で、新たな人間関係に疲れてしまうこともあります。そのまま社会に出ても人間関係のトラブルで退職し、ひきこもり状態になってしまうこともあります。そういう時、ちょっと休憩したり人間関係のリハビリをしたりする場って、案外ないものです。そのような安心できる居場所として利用してもらって、信頼できる仲間が存在すると感じてもらえたら、そしてもしひとりで困ったりしたときに細くてもつながれる場所になれたらいいなと思いながら活動しています。

活動内容としては、毎月1回様々な企画を行っています。料理、小物や簡単なアート作品作り、おでかけ、ボードゲームなどです。一緒に何かするというのは、共通の話題ができたり、会話が途切れても気まずくならないという理由から始めましたが、スタッフと参加者さんの垣根を低くする意味でもよかったようです。料理などは参加者さんのほうが慣れていて、大活躍したりもします。スタッフも楽しんで参加しています。一番気をつけていることは、参加者さんへの目配りです。もともとできあがっているグループに入るのは、非常に勇気のいることです。ましてや社会の中でしんどくなってしまう若者というのは、控えめで自己主張が苦手なタイプが多いので、ぽつんとひとりでいることのないよう気を配っています。参加者さんの姿は少し前の私です。全然進歩してないなと落ち込んでいるときに彼らを見て、少しずつでも前に進んできたんだ、と元気づけられることがあります。スタッフである私にとっても、大切な場なのです。

おわりに

最後に理想的な支援について自分なりに考えてみました。本当にいい支援とは、「支援を受けていることに気づかない」というようなものではないかと思うのです。カウンセリングにしても、いつの間にか家族はいい方向へ向かっていました。親はいつも私の支援者でありました。それがどれだけ大きかったか、いつもあとから気づくのです。

私もなにげないけれど、必要な時にそこにいて必要なことをしてくれたと後から思い返してもらえるような存在になりたいと願っています。

第2章　これまでの自分とこれからの自分

西野慎司

これまでの自分

僕は1979年生まれで、今36歳。父、母、兄との4人家族です。中学2年で学校に行けなくなり、高校には行かず、15歳から19歳まで施設にいました。その後は自宅に戻ってアルバイトもしましたが、21歳でクローン病という腸の難病にかかり、入退院を繰り返しました。20代後半からまたアルバイトもしましたが、それも3年ほどでやめてしまい、今は4年ほど何もしていません。

中学2年で突然学校に行けなくなる

子どもの頃は活発で、友達もたくさんいました。勉強は苦手で、クラスでも下の方でしたが、学校は行けなくなるほどいやではありませんでした。

中学ではバスケット部に入りました。でも、だんだんと部活や勉強についていくのが、しんどくなってきました。先生にやめたいと言うと、「勉強もできないのに、部活までやめてどうするんだ」と言われ、やめることも、親に相談することもできませんでした。

２年の夏頃に一度、学校をずる休みしました。家の近くでウロウロしていると、父親が仕事に行く時にちょうど見られてしまい、しかたなく「学校には行ったけど、体調が悪くなって帰ってきた」とうそをつきました。

次の日、いつまでも僕が寝ているので、父親が起こしにきました。けれどもその父親の横っ腹をなぐって、僕は「行かない！」と言ってふとんをかぶりました。それから３年になるまで、学校には全く行けませんでした。

突然のことだったので、親もびっくりしたと思います。僕もしんどかったとはいえ、意識して学校に行くことを拒否したわけではありませんでした。どうして学校に行けなくなったのか、当時は自分でもわからなかったのです。気がついたらそうなっていた、という感じでした。学校には行けませんでしたが、友達とは毎日遊んでいて、元気な不登校という感じでした。担任の先生は、心配して対応してくれるような人ではありませんでした。

３年になる少し前、僕は学校に行こうと思い、母に「始業式はいやだけど、次の日から学校に行こうかな」と言いました。自分では行きたいとは思いませんでしたが、行くと言えば喜んでくれると思ったのです。学校に行っていないことで、親が心配していたのはわかっていましたから。つまり自分のためではなくて、親のためだったのです。でも母から「ちゃんと始業式から行きなさい」と言われ、喜んでくれないんだと思ってショックでした。

始業式は行ったかどうかは覚えていませんが、3年から少しずつ行けるようになりました。「どうして学校に来てなかったの?」と二人ほどから聞かれましたが、自分でもわからなかったので、「さあ?」と首をかしげると、それ以上は何も聞いてきませんでした。教室にも入ることはできましたが、勉強はわからなかったので、寝ているだけでした。

卒業も近くなってきた頃、母からA県にある施設のことを聞かされました。登校拒否や非行の子どもたちが共同生活をしながら、立ち直っていくために農作業などをする民間の施設で、一年ほど行ってみないかと。その頃の僕は、高校へ行く気は全くありませんでした。でも、先のことも考えられませんでした。ほかにやることもないので、だったら行ってみようかと、あまり深くは考えずに返事をしたような記憶があります。

中学を卒業してすぐに、その施設に行きました。はじめは、農作業やスポーツなどをしていましたが、やがてアルバイトにも行けるようになり、結局3年と10ケ月もお世話になることになりました。

心の中はまだモヤモヤとしたものが残りながら、自宅に戻ってアルバイトを1年ほどやりましたが、やがて体調を崩すようになり、21歳の時にクローン病と診断されました。クローン病とは消化管に炎症を起こす難病で、主な症状としては腹痛や下痢があります。食事制限があり、この病気は完治しないので、退院してからも大変なのです。3年で4回も入院することになりました。この20

代前半が一番しんどかったかもしれません。精神的にまだ不安定で、しかも食事制限というストレスがあったからです。

この頃はゲームばかりやっていました。面白いということもありましたが、それ以上に僕にとってゲームは、唯一の逃げ場所だったのです。中学の時もそうでしたが、何もしていないというのはやっぱり罪悪感がある。でも今はまだ先に進めない。だからゲームをやって不安をまぎらわさないと、たえられないのです。

何も考えていないのではなくて、むしろいろんなことを考えすぎたり、しんどかったりで、押しつぶされそうになっている。その避難場所がゲームだったのです。

夜眠くなってテレビや電気を消すと、現実と向き合わされて不安におそわれる。だからテレビや電気をつけたままだったり、朝にならないと眠れないこともありました。

５年ほど前から詩を書いてきました。つたない詩ではありますが、いくつか載せたいと思います。

自分勝手

僕は自分のために泣いてきたか
僕は自分のために怒ってきたか
僕は自分のために笑ってきたか

自分のために生きられないのに
誰にも迷惑かけたくないとか
自分だけ傷つけばいいとか

そんな自分勝手な考えを
自分に押しつけても
どうにもならないだろう

それをやさしさとは
言えないだろう

自分の生きづらさに気づく

少しずつではありますが、20代の半ば頃になると病気とのつき合い方もわかってきて、精神的にも少し落ち着いてきました。前に進みたい、でも長い間何もしていなかったので、どうしたらいいかわからない。そんな時に偶然、麻雀をやっている桜井章一さんという人の本を読みました。

本を読んでいて、大切なことに2つ気がつきました。一つは、自分のダメなところを隠すな、もう一つは、頭で考えすぎるなということでした。

僕は人目を気にするところがあって、欠点や失敗したことをいつも隠そうとしていました。漢字が苦手で、こんな漢字もわからないのって言われたらはずかしい。そんな時は、僕漢字がダメなんですよね、と正直に言えたら楽だけど、ごまかそうとしてしまう。

文章を書くのも苦手で、以前もバイトで、１時間もあれば書けるようなものを、家に帰ってから３時間も４時間もかけて書きました。他の人と比べて変なところはないか、漢字は間違っていないか、ダメなところを隠すために時間をかけるから、何倍も疲れてしまう。

そうやって人の目を気にしたり、人と比べたりしてしまうのは、自分に自信が持てないからというよりも、欠点や失敗したことを隠そうとしていたからなのだと、気がつきました。

それから、20代前半の頃、こだわりがひどくなっていました。例えば冬に着る服がもう一つほしいと思うと、そのことしか考えられなくなる。スイッチが入ると、気になって夜も眠れなくなる。おしゃれなんてしないし、同じようなものしか着ないのに、一度買った服が気に入らなくて、次の日に返品しに行ったこともありました。

自分の思った通りにできなかった時、すっきりとしないものが残って、頭から離れなくなる。考えないようにしようとしても、やっぱり気になってしまう。結局僕は、自分の中でこうだと思ったことしか、受け容れようとしなかった。だからその通りにできなかった時、そのことにとらわれてしまうのです。たとえ思い通りにいかなかったとしても、素直に認めていい意味であきらめる、それが気持ちを切りかえるのに大切なことだったのです。

その頃自然保護に興味があって、何かしたいと思っていました。でも完璧にやろうとすると、現代生活の全てを否定して、自給自足の生活をするか、動物と同じように生きていかないといけなくなります。でもできない。自然保護の仕事も今の僕には難しそうだ。

だったら今の自分にできる、ボランティアからはじめればいい。他にアルバイトをやりながらでもいい。そのアルバイトも、自然保護にかかわるものでなくてもいい。この今が大切なのではないか。ゼロか百か、右か左かに分けられなくても、右をやりながら左のことだってできる。ボランティアも、もしやってみて自分の思っているものと違ったら、引き返して別の道をさがせばいい。

欠点があってもいいんだよ、失敗してもいいんだよ、という言葉で、心が本当に楽になりました。それまでは、こんな自分ではダメだという自己否定の気持ちが、いつもどこかにありました。いつも何かに追われている感じがありました。もっとがんばらないといけない、でもがんばれない。その差を埋められずに、歯がゆい思いがずっとありました。けれどもダメなところを認めることで、今のこのダメな自分から、スタートできたと思います。格好悪いけど、なさけないけど、これが今の僕なんだと。今でも隠そうとするところがいっぱいありますが、それでもずいぶん肩を楽にして生きられるようになりました。

そこでまず、家の近くでやっているボランティアからはじめていきました。一度行っただけで、行かなくなったところもありましたし、2年、3年と続けて行けたところもありました。また、子どものころから昆虫が好きだったので、いろんな所に写真を撮りに行きました。それから、大阪の登校拒否を克服する会というところにも行くようになりました。そこは親の会ですが、何人か当事者の人もいて、今は僕の居場所になっています。

それと、歯医者にも行きました。しんどかった頃は、どれだけ痛くてもがまんしていました。少しずつ動けるようになってきましたが、本当に虫歯だらけだったので、はずかしくて、何か聞かれたらどう答えようと思っていました。でも、正直に言うしかないと思って行くと、特に何か聞かれることもなく、治療してくれました。

お金は親からもらっていました。仕事もせずに好きなことをやっているのは、やっぱり後ろめたさがありましたが、そうやっていろいろと動き出せたことで、逆にエネルギーもたまっていったと思います。自分から面接を受けに行って、福祉関係のアルバイトを3年ほど続けて行くことができました。

辞めてすぐの頃は自分を責めたりして、家にいても居場所がありませんでしたが、登校拒否を克服する会で知り合った人達といると、こんな自分でも引け目を感じずに一緒にいられたり、笑ったりできるので、とても感謝しています。

がんばって

がんばって結果を出して
自分を安心させようとすると
常にがんばり続けないと
自分が自分でいられなくなる

そうなると
いつも不安におびえて
過ごさないといけなくなる

自分の弱さを正直に出せないのに
強さも自信も自分じゃない

今の僕

こんな自分が
詩を書いてもいいのだろうか

こんな自分が
笑ってもいいのだろうか

三十を過ぎて仕事もせず
親にお金をもらっている
こんな自分が

後ろめたいのだ
だから何をするのも
視線がどうしても気になる

でも
それでもそれが
今の僕なんだ

はずかしいけど
なさけないけど
それが今の僕なんだ

えんりょしていたのは

そこをごまかそうと
していたからなんだ

親との関係

母親とは会話もあり、2人で出かけることもありました。楽しい話だったらできるのです。でも、自分のしんどさはあまり見せられませんでした。

夜眠れないと言っても、生活リズムは大事と返ってきます。バイト辞めようかなと言っても、辞めてどうするのと返ってきます。どうしたのって聞いてもらえたら、夜眠れないのはしんどいとか、バイトでいやなことがあってとか言えるのに、僕の言ったことに対して、何か言わないといけないと思うのか、話を聞こうとはしてくれません。

それから、何かあると母はすぐに心配します。僕があまり家から出なくなると、「最近、登校拒否の交流会に行ってないの」とわざわざ聞いてきます。そうやって心配されると、よけいに不安になってしまうし、母を心配させたくないと思って、平気なふりをして笑ったりしてしまいます。しんどくなった時に心配されるということは、いつも元気な自分を見せておかないといけなくなって、ありのままの自分を見せられなくなるのです。何があっても放っておかれるのはもちろん問題だと思います。でもこの心配は、親が自分の不安をそのままこっちに向けているのだと思うのです。

僕がまだA県の施設にいた時でした。近くに２つ程年上の女性が住んでいて、時々会うことがありました。その日も何かの集まりで公民館にいたのですが、その人が周りを気にしながら、小さな声で僕にこう言いました。「この前リストカットした」と。僕もはじめは驚いたのですが、そんな表情を見せてはいけないと思いました。かといって何か言ってほしいのでもない。ただ聞いてほしかったのではないか。僕もいろいろしんどいことがあったので、「死にたくもなるよな」と言いました。すると、ほっとした表情を見せて、「わかってくれるのはあなただけだ」とその人は言ってくれました。

何があったのか、理由を聞いたわけではなかったので、本当にわかったわけではありません。それよりも、リストカットをしたなんて、あまり人に言えることではありません。それでも彼女は僕に話してくれました。はじめにほっとした表情を見せてくれたのは、こんなことをした自分でも、今までと変わりなく接してくれるという安心ではなかったかと思います。

「第18回登校拒否・不登校問題全国のつどい」が２０１３年に北海道で開催され、そこに参加していたあるお母さんが、僕にこんな話をしてくれました。子どもが本気でぶつかってきてくれたから、親としていろいろ気づけたことがあったと。でも僕は遠慮して、33歳になった今もそれができないでいる。親にぶつかることができなくて、昔は物に当たったり、壁に穴を開けたりしていた、そんな話をしました。するとそのお母さんが、「やさしいんやなぁ、しんどかったなぁ」と言ってくれました。

「しんどかったなぁ」、そう言われた瞬間、周りにたくさん人がいたのに、僕は涙が止まらなくなりました。ずっとがまんしてきたものが、あふれだしてきたのです。自分の親に言えなかったことを、代わりにそのお母さんに言って、自分のお母さんに言ってもらいたかったことを、代わりにそのお母さんに言ってもらった、そんな感じがしました。

僕がまだ10代の頃だったと思いますが、母が手紙をくれたことがありました。言いたいことがあったら何でも言ってほしい、直接言いにくかったら手紙でもいい、そんな内容だったと思います。僕が何も言わないので、どうしたらいいかわからなかったのだと思います。でもその時感じたのは、何か違う、僕が求めているのはそういうことじゃない、ということでした。でもそれが何かはわからなかったので、手紙の返事は書けませんでした。

手紙をもらった時に感じた何か違う、それが北海道でのことがあって、やっとわかりました。それは、母がどうすればいいか、ということばかりで、こっちのしんどさを受け止めてくれるものではなかったからです。僕が何か言えば、それに対して何かしてあげることができると母は思っていたと思います。

でも僕は、学校に行けないようなこんな自分でも受け止めてくれている、という安心があるからこそ、自分のしんどさや弱さを正直に見せられると思うのです。問題を解決してくれることと受け止めてくれることは、別だと思うのです。

一日中家にいても

一日中家にいても
この心は休まることはなかった

一日中家にいるということは
一日中責める自分と戦い
一日中世間の評価の目を気にし
一日中他人との比較に苦しみ
寝ている時さえ解放されない
休むことが許されないのです
一日中家にいるから

それを許すと
甘やかすことになると思いますか
でも
どうしてこうなったかではなく
現にこうなっているということを
受け入れてもらえなければ
もう本当に行き場がなくなってしまう

何も考えていないように見えて
本当は考えすぎるくらい考えている
たとえ何も言わなくても
その窒息しそうな重圧から
取りあえず逃れるために
ゲームを一日中することもあった
そんな姿が周りからどう見えているか
理解しながら
でもそうしないと壊れそうになるこの心

そんな中で
先のことなんてどうすればいいというのだろう
この窒息しそうな今を無視して
先のことなんてどうすればいいというのだろう
どうしてこの今を
誰も受け止めてくれないのだろう

だからこそ
一日中家にいることを許してほしかった

この先どうするかではなく
今のこの自分を受け入れてほしかった
この心を休める場所にしてほしかった
そこからでないと
何もはじめることはできないから

父親とは会話がなかったわけではなく、子どもの頃は一緒に出かけたりもしていたのですが、最近はほとんど会話もありません。

ドライブにでも行こうかと言ってきて、２人で行くこともありました。僕がゲームの話をしてもわからないと思って、野球の話をしたりするのですが、最近の選手はわからないと言います。もしそこで、僕の好きな選手を覚えようとしてくれたら会話は続けられるのですが、そういうことはしてくれません。それで結局自分の話をするので、キャッチボールにならず、どこか一方的に感じてしまうのです。

いつだったか忘れましたが、僕が家で寝ている時でした。何か用事があって、寝ているところを起こしにきたのですが、別に急ぎのものではありませんでした。だったら起きている時に言えばいいじゃないか、と思って僕が不機嫌になると、「怒らなくてもいいじゃないか」と言って逆に怒り出します。素直にごめんと言ってあやまってくれたらいいのですが、父親からごめんとありがとうという言葉を、本当に聞かないのです。でもこの2つの言葉は、とても大切だと僕は思うのです。

完璧な大人なんていないといいます。だったらいいところだけではなくて、ダメなところも正直に見せてほしい。格好悪いところを隠しながら正論を言われても、素直に聞こうとは思えませんでした。

父は自分のペースでしか行動できないので、何度も僕を怒らせます。そこで僕が無視をしたり怒ったりすると、父はしょんぼりします。すると僕も悪いと思って、父が話しかけてきた時に返事をしてしまう。するとまた自分のペースになって、僕を怒らせる。そんなこと30年以上も繰り返してきました。でもこのままでは何も変わらないと思って、僕が35歳の時に言い返しました。

父は自分が気になることは、相手のことを考えずに言うのですが、ある時僕が「言わなくていい」と言いました。すると父は「必要なことしか言ってない」と言ってきました。それから二、三度言い合ったのですが、こっちの話を聞こうとはしてくれませんでした。

10代の頃は言い返していましたが、最近はあまり言えていませんでした。だから僕からすれば、やっと言えたことというか、自分の中では一歩進んだことでした。そのあたりから、父が話しかけてきてもほとんど返事をしなくなりました。なさけない話ですが、35歳になって、やっとこんなことができるようになったのです。

どうして学校に行けなくなったのか

僕が学校に行けなくなった原因は一つではなく、色んなことが重なった結果だと思います。はっきりとした一つのものではなかったので、当時は自分でもわかりませんでした。

最近、『子は親を救うために心の病になる』（高橋和巳、ちくま文庫）という本を読みました。題名を見た時に、これは自分のことが書いているかもしれないと思いました。実際読んでみると、家庭内暴力や摂食障害など、細かいところは違いますが、自分と重なるところがある人のことが書いてありました。そして、一つわかったことがありました。それは思春期の問題でした。

自分のペースでしか行動できない父に対して、母はさみしさを感じている。そしてそのさみしさを僕で埋めようとしている。子どもながらにそんなことを感じていました。

僕は親の言うことをよく聞く良い子というよりは、ひょうきんな子どもでした。明るく振る舞うことで、家族に笑顔をつくる役割をしていたのだと思います。でも中学生になると、母から離れたい自分も出てきました。まだ甘えたい部分と、離れたいと思う気持ち。僕はかなり世間知らずなので、一人になると何もできないはずかしさ。母から離れてしまうと、母のさみしさはどうなってしまうのか。もちろん当時は、今みたいにはっきりと言葉に表すことはできませんでしたが、そんな心の揺れがありました。

それと、母との距離の取り方にはずいぶん悩みました。20歳を過ぎても甘えたい気持ちが強くて、母が休みの日に買い物についていくことがよくありました。

20代前半の入退院を繰り返していた頃、母は休みの度に病院にきてくれたのですが、うれしいと思う時と、そうじゃない時がありました。甘えたい時はうれしい、でもこの歳になってこんなことはずかしい、そう思う時はそっけない態度を取りました。母からすれば、どうしてそんな態度を取るのかわからなかったと思いますが、両方の気持ちがあって、20歳を過ぎても思春期の問題を引きずっていたのです。

僕は何をするのも母に確認を取っていました。食べていいおかしでも、いちいちこれ食べていいと聞いていました。母がいいよと言ってくれないと、何か悪いことをしているみたいに感じていたのです。20代の半ばの頃に色々動き出せた時、昆虫の写真を撮りに一人で沖縄に行ったり、外国にまで行くこともありました。その時も母は、一人で大丈夫なの、何かあったらどうするの、と心配してきました。でもここでやめてしまったら、自分のやりたいことができないと思いました。

思春期は親から自立して、自分の生き方を作る時。この時僕は、母が賛成しようが反対しようが、自分を生きようとしていたのだと思います。反抗期に親に反抗するのは、親から離れて自分の生き方を作っていくのに大切なことでした。でも僕は、そこがうまくできなかったのだと思います。

大阪の登校拒否の親の会で知り合ったあるお父さんが、自分は自分、息子は息子、別の人間だと言っていました。僕も頭ではわかっていたのですが、最近ようやくそのことが実感としてわかりました。父が２週間ほど入院したことがあったのですが、母が久しぶりに温泉にでも行こうかと言ってきました。僕が好きだったので、以前はよく一緒に行っていたのです。でもその日は行けませんでした。温泉気持ちよかった、ごはんおいしかった、そうやって母のために喜ぶ子どもを、またやらないといけないと思ったからです。ただ楽しみで行くのとは、その日は違ったのです。

それから少しして、ふと思いました。母が心配しても、母の思いに合わせられなくても、僕は自分を生きていいんだと。そんな自分を、後ろめたく思わなくていいんだと。母には母の人生があって、僕には僕の人生がある。それは別なのだと。

母は僕のためにがんばってくれました。でも母には自分の人生を生きてほしいと思います。その方が僕も自分の人生を生きやすくなるからです。

僕のお母さん

僕が中学で不登校して
21歳でクローン病という腸の難病をして
お母さんは僕に対して
負い目を感じている

5回目の入院でバイトを辞めた時
お母さんは僕にこんな手紙をくれた
―元気な体に生んであげられなくてごめんね

ごめんねなんて言わないで
確かにしんどいことはたくさんあるけど
ごめんねって言われたら
こんな僕ではダメなのって思ってしまう

不登校をしようが難病をしようが
僕は僕なんだよ
不登校をした僕として
難病をした僕として
僕は僕を生きていくんだよ
はずかしくなんてないんだよ

本当はもっと甘えたかったのに
素直に甘えられなかった
本当はもっと本音で話したかったのに
えんりょばかりしていた

お母さんはお母さんでいいから
負い目なんて感じないで
世間体なんて気にしないで

これからの自分

この数年は、詩を書いたり、昆虫（トンボ）の写真を撮りに行ったり、登校拒否の交流会に行ったり、好きなことだけやっています。

アルバイトをしようかと思うこともありますが、空白があるので、履歴書にどう書くかということがあります。支援センターのような所に行けば、手助けしてくれるのかもしれませんが、不安でその一歩が踏み出せていません。どう動けばいいかわからないのです。でもそれは、甘やかしてもらっているから言えることなのかもしれません。こう言えば周りが動いてくれるだろうと期待するところが、僕にはまだあります。もっと自分から動き出さないと、何も変わらないのかもしれません。

思春期の問題を引きずっていたこともはっきりわかりました。遅い反抗期をやっとむかえられたような感じがしています。それ以外に自分の生きづらさもあります。今の自分にできることから、少しずつ始めていけたらと思います。

第3章　不登校・ひきこもりの経験から

奥村和秀

不登校の時期

友だちが競争相手に

私は、中学3年生の頃不登校になりました。当時何があったのか、自分でもわかりません。当たり前の日々を送っていただけのはずでしたが、その当たり前ができなくなったのです。

中学3年生といえば受験の時期です。みんな勉強に必死でクラスに緊張感があり、会話のほとんどは志望校や成績の探り合いのような内容でした。そういった環境に圧倒され、息苦しさを感じ、何とも言いようのない不安がありました。そんな中で友だち関係をつくる余裕はありませんでした。

あまり勉強が得意ではありませんでしたが、テストになるといい成績を取るためにがんばらないといけないという重圧を感じていました。クラスではお互いの点数を打ち明け合うという習慣があり、それがすごく苦痛でした。

塾にも通い始めましたが、〝学びたい〟という気持ちではなく、周囲に置いていかれたくないという気持ちからでした。

〝勉強できる者が偉い〟。学校という狭い世界ではそういう雰囲気がありました。それに疑問を感じることも無く、当たり前に受け止めていました。不思議なもので、学習に向き合うほどに成績が下がっていきました。自分より成績が低かった友だちにも追い抜かされていくのがわかり、彼らとは段々と疎遠になっていきました。「負けている」という思いだったので、自分から遠退いていったのだと思います。

学校への行きづらさ

学校で特に辛かったのは休憩時間です。会話しても内容が決まっていたので誰とも関わりたくありませんでしたが、一人ぼっちなのも知られたくありませんでした。それを周囲から見透かされているようで視線が恐ろしく、空気になりたい気分でした。

〝学校に行かなければ〟と考えると夜寝付けなかったり、朝起き辛かったり、登校するときは頭痛や腹痛、吐き気がおこりました。両親には「学校を休みたい」とは言えませんでした。休むことを許してくれず、特に父の反応は厳しく感じました。「体調がわるい」という理由で休むこともありましたが、納得はしてもらえませんでした。また、自分自身でも学校へ行くのは当たり前と思っていましたので〝休む〟という選択肢はありませんでした。

1・2学期は、無理をしながらなんとか登校しましたが、どうしても行けない日は学校へ行くふりをして祖母の家に行きました。「学校に行くのはしんどい、でも家に居るのもしんどい」という思いからです。毎日ただただ学校へ足を運びつづけ、そのことにエネルギーをすべて使い果たしていたような状況でした。祖母は何も言わず受け入れてくれたので、祖母の家は唯一安心できる場所でした。そんな中で限界を感じながらどうにか登校を続けていました。

父の家出

2学期が終わる頃、父が家を出て行きました。厳しさはありましたが、家族に一生懸命の誠実な父でした。しかし、子どもの頃の私には、父の言葉の一つひとつが恐ろしく聞こえ、叱られてもその内容より〝叱られた〟という事実が心に響きました。今思えば、子どものことを考えて大切な言葉をくれていたのだとわかりますが、当時はそのように受け取れませんでした。

父は〝人から慕われ、何でも出来る強い人〟として私の眼には映っていたので、そんな父に認められたいという思いが強くありました。走るのが得意でしたので、運動会での徒競走で勝ったらほめてもらえるとがんばったのを思い出します。

学校へ行くのが辛く祖母の家によく行っていた頃、父から「今日はよくがんばって学校行ったな」とほめてもらったことがありました。でも実は、その日は学校へ行っていなかったのです。私は父に対し申し訳なく思い、せっかくほめてくれたのに嬉しくありませんでした。いくつか嘘はつきましたが、一番辛い嘘でした。

父が家を出たとき、半分「なぜ？」と思い、半分はホッとしました。〝しんどさをわかってくれない父〟という存在が重圧だったからです。父のことを私なりに理解できるようなったのはかなり後のことです。誠実で人からよく頼られる父だったので、家族にも他人にも期待に応えようと一生懸命がんばっていました。でも、あるとき応えきれなくなり、そんな自分を受け入れられずに行ってしまったのかと思います。

不登校に

父が家を出てすぐ、母が「しんどかったんやね。学校を休んでいいよ」と言ってくれました。覚えていないのですが、その頃の私は母が作ってくれた弁当を食べずに持って帰っていたらしいのです。それに「おかしい」と感じた母が進路指導の先生に相談をし、先生から「無理に登校させず、休ませて様子を見てあげてください」とアドバイスをもらい、休むことを許してくれたということです。

その頃は体が動かないというか、体に動けと命令を送れないような感覚で「もう限界だ」と思いながら登校していたので、保っていたものが途切れ、倒れ込むように行かなくなりました。とにかく疲れていたので、とりあえず休めるということに解放感がありました。しかし同時に、もう引き返せない、元の道には戻れない、大きなものから離れてしまったという不安がありました。ともあれ、母から「学校を休んでいい」と言ってもらえたことには、すごく安心を感じました。何に安心したのか。〝学校から解放された〟ということではありません。〝母が学校へ行きづらい私を受け止めてくれた〟ということに安心を感じたのです。

学校へ行かなくなり、しばらくは家で好きなテレビゲームをしたり、漫画を読んだり気ままな時間を過ごしていました。しかし、そんな時間は長く続きませんでした。クラスメイトや近所の友だちが、学校へ行くことを誘いに来てくれていました。それは私にとってすごく心苦しいことでした。友だちの思いに応えられないからです。ある時は、突然訪ねて来た母の知人に「お母さんは君が学校へ行かないことで苦しんでいると思う。がんばって行かないと」と叱られたこともありました。自分でも〝学校は行くのが当たり前〟と考えていましたが、その時はどうしても行くことができませんでした。だから、それらの人たちの言葉や行動によって、私は責められているように感じていました。

「せめて卒業式に…」という母の思いにも応えられず、中学校はそのまま卒業しました。

高校に進学するが…

さかのぼって3学期のある日、「今の学力でも、推薦で進学できる学校がある」ということを知らされました。いずれは学校へ戻らなければならないと考えていたので、これを機会に行ってみようと思いました。試験は面接だけでしたので、どうにか受かることができました。

もう一度〝学校〟へ行けることを自分でも期待をしていましたが、一月もしないうちに行くことが辛くなってきました。登校の時間になると腹痛がおこるのです。通学手段の電車に乗ることに緊張が強くなっていったので、自転車で通うことも試みましたが、ついには行けなくなりました。休み始めると友だちが誘いに来てくれました。しばらくは「明日は行く」と返事していましたが、それを繰り返すうちに友だちに対して申し訳なくなり、玄関に出られなくなりました。

自分を取り繕う

学校へ行かなくなったことで誰もが進む道から自分だけ脱落してしまった、学校を辞めたことへの理由がなければ人に認めてもらえない、人と対等に向き合えないと思いました。

そこで私がとった行動はアルバイトを始めることでした。〝学校へ行けなかったのではなく、働きたいから学校を辞めた〟というふりすることで自分を取り繕ったのです。初めてのアルバイトはファミリーレストランの厨房での仕事でした。皿洗いくらいしか自信がありませんでしたが、料理長から料理の作り方を教えてもらったり、先輩から店長の目を盗んでつまみ食いの仕方を教えてもらったり、充実した毎日でした。よく面倒を見てもらえて何一つ嫌なことはありませんでしたが、段々と職場に行く足が重くなっていきました。そして、あるとき家族旅行で休暇を取ったことを境に職場に戻れずに辞めてしまいました。働く動機が周囲を意識してであったことや、進学している同級生に比べ自分の選択と行動に自信を持てなかったからです。

それでも学校に戻るという選択はできませんでしたので、再びアルバイトを探しました。次に就くことになったのは、ゲームソフトなどの販売店での仕事でした。その仕事も、しばらくして行くのが辛くなりました。一人の先輩から嫌がらせを受けたからです。同じシフトの日などは憂鬱で、それでも母に車で送ってもらいながら通っていたのですが、ある日ついに休んでしまいました。しばらくすると、社長から「何かあったのなら話してくれ。とりあえず仕事はいいから顔見せに来い」と電話がありました。社長に事情を話すと理解してもらえ、もう一度がんばってみようという気持ちになりました。

それからは自分なりに社長に認めてもらえるようがんばって働き、社長も仕事のことで意見を求めてくれたので「必要とされている」と感じ、やり甲斐も出てきました。職場仲間の付き合いができ、休みの日も職場に行くくらい当時の私にとって居心地のいい場所になりました。しかし、長く続けていると、「このまま続けていていいのか」という疑問を持ちはじめました。その頃、同級生が大学進学や就職をする時期で、二つ年下の弟も高校へ進学しました。私は〝学校〟ではなく〝仕事〟を選んだという態度をとっていましたが、実際は学校へ行っていないことを肯定できず、後ろめたさを感じていました。

同級生には置いていかれ、弟には追い抜かされ、周囲は着々と前進しているのに自分はぬるま湯に浸かっているという思いでした。職場の居心地がいい職場であるだけに、かえって居心地の悪さを感じたのです。そして、２年間続けたアルバイトを辞めました。

ひきこもりの時期

家から出られなくなる

アルバイトを辞める少し前、祖母が「くも膜下出血」で倒れ入院しました。私が不登校になりはじめた頃、学校へ行きづらいことを受け止めてくれた祖母です。心を許せる存在でしたので、私がしんどくなりつつある時期と重なったこともあり、すごく心細く思いました。

アルバイトを辞めたことで、家以外に居る場所をなくしてしまいました。しばらくはアルバイトの先輩たちが家を訪ねてくれましたが、うれしい半面煩わしさを感じ、それが相手に伝わったのか段々と疎遠になっていきました。それまでは就学・就労をしている周囲に対し、自分も働いているという立場があったので、対等に顔を合わすことができていましたが、働いていないという立場では負い目を感じ、人に会うことに抵抗を持ちました。先輩たちとの関係も、煩わしいというより恥ずかしいという思いだったのかもしれません。そして、いつ頃からか外に出ることも辛く思うようになっていました。

その後もいくつかアルバイトをしましたが、長続きせず無断で辞めてしまうこともあり、人に迷惑を掛けっぱなしで自信を失っていきました。後ろめたさから近所など周囲からの目が気になり、ついには家から出られなくなりました。

それから4年間のひきこもり生活が始まりました。その中での出来事は時間の流れの前後も覚えていません。焦り、あきらめ、脱力、そしてまた焦りといった繰り返しの日々でした。

家族との関係

当時、家族は母と弟と私の3人でした。母は、「しんどかったんやね。学校を休んでいいよ」と言ってくれたように、学校へ行きづらい私の状態を理解しようと努力してくれましたが、自分の子に何が起こっているのかわからず不安が大きかったと思います。なんとか外に出てほしい、動いてほしいという思いから、いろんな支援者を連れてきました。宗教関係の人や催眠療法の先生、御払いの祈祷師が来ることもありました。私のために試行錯誤してくれていたのだと思います。

そういった人たちの訪問は、私に動くことを促そうとしているのが見えみえで正直迷惑でしたが、母から「一度でいいから試しに会ってみて」と言われると、自分でも何とかしたいという気持ちもあったので、会ってみることもありました。私は、誰かに会うときは平気なふりをしていました。

「馬鹿にされたくない」「助けを求めていると思われたくない」と考えていたからです。しかし、訪問者が帰ったあとは情けなかったり腹が立ったりするだけでした。

動いてほしいという母の思いはひしひしと伝わってきましたが、自分自身を責め続けていた私に対して、母はいつでも「そんなことはない」「大丈夫やで」と言い続けてくれました。私がひきこもっていることを一度も責められたことはありません。

もう一人の家族である弟との関係ですが、私がひきこもっている間、ほとんど接点がありませんでした。弟は私にとって最も身近な〝比べる対象〟だったからです。私は弟を避けていましたし、弟も遠慮してあまり家に居ないようにしてくれていたそうです。私がイライラを弟にぶつけることはあっても、何かを言い返された覚えがありません。それが弟にとって、私との精一杯のかかわり方だったのだと思います。二人の在り方によって、私は少なくとも家族関係で神経を磨り減らすことはありませんでした。私が家に居ることを否定することなく、状態も含めて存在を受け止めてくれていました。そのことだけでも随分助けられていたと思います。

ひきこもりの生活

ひきこもっていた頃の家での過ごし方ですが、調子のいい時はゲームをしたり、絵を描いたり、ビデオで映画を見たりしていました。自分では外に出られないので、母に頼んでレンタルショップまでビデオを借りに行ってもらっていました。「ビデオノート」というものを作り、借りた映画の名前を書いてあったのですが、ノート一冊が一杯になるほどでした。外に出たいという気持ちはあったので、毎日服を着替えて出掛けられる用意はしていたのですが、なかなか一歩が出られませんでした。迷いながら玄関で一日過ごしている日もありました。

思い切って出掛けられたときは、家から少し離れた小さい本屋に行きました。人目が気になったので、日が沈み暗くなってからです。とにかくコンビニやレンタルビデオ店など同世代の若者たちが立ち寄りそうな場所には一切行けませんでした。同世代の人を見ると、自分と比較して辛くなるからです。ゲームソフトが欲しくて大阪の日本橋まで出掛けることもありました。電車に乗れなかったので母に車で連れてもらいました。行くか行かないか半日迷い、夕方になってやっとの思いで出掛けました。でも、到着しても人ごみを見ておじけづき車から降りられないのです。「ここまで来て目の前に店があるのに」と悔しく思いました。

天気は雨の日が好きでした。雨の日は、私だけでなく誰もが外には出掛けないだろうと思えるからです。なんとなく気持ちが楽に家に居られました。

自分では止められない憤り

調子のわるい時期は、とにかくイライラしていました。ひどいときには物にあたったり、壁に穴を空けたり、ドアを殴ったりしていました。何年か前に、突然部屋のドアが外れたことがありました。「よく殴ったからなぁ」と当時を思い出しました。本当にひどいときは母に手をあげることもありました。もちろん本気ではありませんでしたが、母は怖かったと思います。自分では憤りをどうすることもできず、なかなか止めることができませんでした。

母は父の仕事を継いで働いてくれていました。毎日仕事に出掛けて行くのですが、私はしんどいとき「仕事へ行かないでほしい」と無理を言いました。しんどさを受け止めてほしいという気持ちと、どうしようもない自分を見捨てられるのではないかという不安で、母が振り向いてくれるのかを試していたのだと思います。母が仕方なく「今日は仕事休むよ」と言ってくれると、気が済んで落ち着きました。同時に申し訳なく情けない気持ちになりました。

その頃の母は、入院している祖母の見舞いにも毎日のように行っていたので、大変だったと思います。しかし、私は自分自身のことで精一杯で、そんな母を気遣うことができませんでした。

支えられながら

教育相談の先生との出会い

ひきこもりだしてから４年ほど経った頃ですが、母が一人の訪問者を連れてきました。「やさしい感じの先生だからいろいろ話できると思うよ。一度会ってみたら」と言われましたが、私は「何しに来たのだ」と警戒し、会う気持ちにはなれませんでした。しかし、何度も足を運んでくれては母とリビングで何かを話しをしている様子でしたので、徐々に〝気になる人〟になっていきました。私自身も絶えず自分の状態を何とかしたいと考えていたことも重なり、その内「一度会ってみようかな」と思うようになっていました。そのとき訪問してくれていたのは「教育相談センター」（登校拒否・ひきこもりの相談所）の相談員の先生でした。

丁度その頃だったと思いますが、4年間入院していた祖母が亡くなりました。いろいろ支えてくれた祖母なのに、入院中ほとんどお見舞いに行くことなく時間が経っており「自分は薄情だな」と申し訳なさでいっぱいでした。祖母が亡くなり、葬式などで親戚が集まりました。親戚の中には同世代（大学生や高校生）の子どもたちもおり、学校生活など私の知らない話をしていました。そんな彼らと自分を比べてしまい、うらやましく悔しい気持ちになりました。「自分も学校行けていたなら」と思い、同時に「なんとかしなければ、このままじゃまずい」とも思いました。

そういう出来事も重なったので相談員の先生に会ってみようと思えたのです。会ってみると、ひきこもっている状態に触れるわけでなく、私が好きな話題に合わせて会話をしてくれました。何か聞き出されたり押し付けられたりしないので、安心して話せそうに感じました。そして何度も会ううちに、私を無理に動かそうとするわけではないことがわかり警戒心がほぐれていきました。

あるとき「先生魚釣りが好きなんだけど、一緒に行かないか」と誘われました。その頃には「この先生となら行けそうかな」と思えたので、一緒に出掛けてみることにしました。その後も、ドライブに誘ってくれるなど、出掛ける機会をつくってもらえ、徐々に外に慣れていきました。そのうち、先生と出掛けた先に〝何人かの人〟がいることが増えました。人の中に入れることで、人に慣れていってほしいと考えてくれていたのかと思います。

そんなある日、先生から「家から出られない青年に一緒に会ってほしい」と頼まれました。それまで世界中で自分だけがひきこもりになっていると本気で思い込んでいたので、自分と同じ状態の青年がいるということを知り、興味が湧きました。少しずつ人に慣れることで、人に会いたいという気持ちが芽生えていたので、思い切って会うことにしました。青年の家におじゃま すると、家族の方が「よく来てくれた」と快く迎えてくれました。会話をしたり食事を一緒にさせてもらったりしました。青年も初めは外に出ることに抵抗を持っていましたが、何度か会っていく中で、ドライブや映画などの誘い掛けにも乗ってくれました。訪問の帰り先生は「一緒に行ってくれてありがとう。同世代の君がいないと、先生一人じゃだめなんや」と言ってくれました。お世話になっている先生の役に立てている気がして嬉しく思いました。そんなことが少しずつ私の自信につながっていきました。

相談員の先生は、それからしばらくして病気で亡くなりました。やっと心を許せる人ができたと思っていたので、すごく残念に思いました。何日か前まで元気に会っていたので急なことに驚きましたが、多くのひきこもる人やその家族の期待に応えるための「老人暴走族」と呼ばれるくらいに毎日走り回り、疲れがたまっていたのだと思います。葬式には、先生を慕ってたくさんの子どもや青年、親たちが来ていました。短い間でしたがいろいろな経験の機会をくれて、私を〝次〟へとつないでくれた人でした。

期間を空けることなく、他の相談員の先生がかかわってくれることになりました。その先生も映画に連れてくれたりドライブに連れてくれたり、出掛けることを誘ってくれました。お互い絵が好きだったので絵画展へも連れて行ってくれるなど、関係を築く工夫をしながらかかわりを続けてくれました。私の望むことに「こうしてみる？」と提案はしてくれますが、「こうしなくてはならない」という押し付けがなく、安心して話せる人でした。

ある日の会話の中で、私は「友だちがほしい」と話しました。加えて「年下や同じ年の人は苦手」と言うと先生は困っていました。年下や同じ年の人たちだと、また自分と比較してしまうからです。次の訪問の機会に一人の青年を連れて来てくれました。希望に応え、少しだけ年上の人でした。無口な人で、私も無口でしたので、先生が間に入って困っていた様子を思い出します。そのうちに3人で出掛けたり、そこにまた別の人が加わったり、その中に年下の人がいたり、そんな具合に少しずつ〝会える人〟の幅が広がり、〝人に会うことへの抵抗〟が知らず知らずに薄らいでいきました。

居場所とその仲間

先生と一緒に出掛けたり、人と会う機会をもらえることによって、自分一人でも外に出る力が身に付いていきました。しかし、実際外に出掛けようと思っても、なかなかその場所がありませんでした。そんな時期、はじめに出掛けられる場所になったのが、先生たちの活動拠点「教育相談センター」の事務所でした。そこには専属の事務員さんが居て話し相手になってくれました。忙しそうなときは簡単な手伝いをさせてもらいました。私のために仕事を用意してくれていたのだと思いますが、何か手伝えることが嬉しく思いました。教育相談センターには結構な頻度で通っていました。何を考えながら通っていたのか覚えていませんが、そこから次の何かにつながっていけることを期待していたのだと思います。

ある日、一人の相談員の先生が「同じような立場の青年たちで集まる機会を作らないか？」と声をかけてくれました。相談員の先生たちが関わる中には、私以外にも家から出掛ける場所がない青年たちがいました。その青年たちと一緒に、自分たちの居場所を作るという提案でした。当時、学齢期の子どもたちの居場所はいくつかありましたが、学齢期を過ぎてしまうとそういった場がまったくありませんでした。その問題を補うためにできたのが「青年サークル」です。

１年目は教職員組合の建物を借りて開催していましたが、２年目からは先生方が市長に掛け合うことで、市の施設の一室を週２回貸してもらい、そこでの開催となりました。はじめは青年によるお互いの会話がなく、顧問として付いてくれた先生が間に入り、通訳をするような状態でしたが、そのうちUNOやトランプなどのゲームをしながらぼちぼちと会話がはじまりました。ただ向かい合っているだけでは互いに話しづらいですが、一緒に何かをすることで徐々に会話が成り立ったのです。自分たちでの会話が始まると、先生は青年たちの〝輪〟には入らなくなりました。

集まりが定例になりお互いの関係に慣れてきた頃から、自分たちで〝やりたいこと〟を計画していきしました。サークル終了後もセンターの前で喋ったり、そこからまた遊びに行ったり、サークル外の時間での付き合いも増えていき、〝サークル仲間〟から〝友だち〟になれたように思います。私は最年長でしたので中心になって行動することが多く、人に頼られる経験もできました。サークルは、年齢の壁を越えることができる自分に成長させてもらえる機会でもありました。

また、サークルを足場にしながら自動車免許や大検（現在の高校卒業程度認定試験）を取得したり、再びアルバイトをしたり、長い間出来なかったことも始められました。そして28歳のとき、大学に入学することもできました。長年抵抗を持っていた〝学校〟への再チャレンジでした。

自分を認めていくこと

抱えてきたこだわり

結果から言うと大学生活は1年半で挫折してしまいました。それは、私が長年抱えてきた〝こだわり〟による不自由さと直面する場だったからです。こだわりとは〝年齢〟のことです。

大学では、私一人だけが社会人入学で、他の学生は現役入学でした。同級生とは10歳の差だったので〝年長らしくあらねば〟と構えてしまいました。年齢を知られることに抵抗がありましたが、だからといって隠したくはありませんでした。そこにこだわることが、格好悪く思えたからです。

年齢を知られることで相手の話し言葉が敬語になったり、距離の取り方を気遣ってくれるなど、私への接し方に変化が表れました。そうなると複雑な心境で、周りのみんなとかかわることに心地悪さを感じるようになりました。私は〝年相応に振る舞えているのか〟〝年齢ほどに中身がともなっていないことを見透かされていないか〟という不安な気持ちになりました。そして、自分を大きく見せることに一生懸命になり、疲れてしまい大学へは行けなくなってしまったのです。

こだわりを降ろすことで

今になって思うのは、この挫折が私にとっての転機であったということです。挫折を機会に自分と向き合えるようになり、それが〝こだわり〟を降ろすことにつながったからです。

自分と向き合うということは〝自分の弱さ〟〝格好悪さ〟〝情けなさ〟など、できれば蓋をして見たくないものを直視することでしたので苦しさがともないましたが、そのときの私にとって大事な作業でした。

きっかけは、大学へ行けなくなったとき、友だちから言われた言葉でした。「10歳も年の離れた集団の中でやっていくのは簡単なことではない。悔しい思いもするし、情けない気持ちにもなることもある。その覚悟もなく、何か期待を持って大学へ行こうとしている姿を見て、いずれ壁にぶつかるだろうと思っていた」ということでした。厳しい言葉でしたが、目から鱗が落ちる思いでした。実際はこだわっているのにそうでないふりをして、しんどさに直面することなくやり過ごせればいいのにと期待する自分だったからです。充実した大学生活を経て、無事卒業して仕事に就き……といった具合にトントン拍子にいければ、これまでのすべてを取り戻せれば、という一発逆転的な発想でした。友だちからの言葉は、ストレートなだけに腹も立ちましたが、これは腹を立ててるだけで終わらせてはいけないと思いました。

それまで、周囲は「年齢は気にしなくていい、まだまだこれから何でもできる」「人は人、比べなくてもいい」と暖かい言葉で励ましてくれ、自分自身にもそう言い聞かせてきました。自動車免許の取得、大検の合格、アルバイトなどにおいて、励まされることで勇気をもらい、獲得できた経験も多くあります。しかし年齢を重ねることで得ることが難しくなっていくことも実際にありました。いつまでも「年齢は気にしなくていい」と自分に言い聞かせるだけでは、整理ができなくなっていました。気にしていたのは年齢のことだけではありません。容姿のこと、恋愛を含む人間関係、社会経験についてもそうです。気にしないふり、興味のないふり、大丈夫なふりをしながら実はすごくこだわりを持っていました。いつどういった場面で壁に直面するのか、向き合わなければならないのか不安を感じていたので、身も心も重く不自由でした。もうごまかさず、そろそろここから抜け出さなければと思いました。

それからは、こだわりを気にしない振りをするのではなく、気にしていることも含めて自分を受け止めようと努めていきました。そして、年齢という縛りにとらわれることなく、今自分にできることから少しずつ始めていこうと考えました。そう考えることで、これまでのようにごまかしたり取り繕ったりする不自由な自分より、少しは軽快になれた気がします。

いま思うこと

ひきこもり、そこから再出発した経験から言えることは、一発逆転は無いということです。生きているとは悔しさや情けなさ、腹立たしさを感じる場面にも直面します。〝こうあるべき、こうありたい〟と自分に求めてきた形を諦めなければ先へ進めないときもあります。それらを受け入れるのは苦しいことですが、そこから始められることも確かにあるということもわかりました。

しんどいときは先々を考えて不安になったり、今の状況を無意味に思ったりすることに陥りがちですが、先へ進むためには、諦めざるをえないこと、一日保留にしておくこと、譲れないこと、それらの折り合いを自分の中でつけることも必要です。

いつか自分が望む〝かたち〟にたどり着けるのか、まったくそういったことではないのかはわかりませんが、その時々を大切に今できることをつなげていけたなら、気づいた時には〝まんざらでもない自分〟に手が届いていたりするのかもしれません。未だに答えは出ていません。これからも「これでよし！」と無理に答えを出し切らず、たまに振り返りながら「まぁ、わるくないか……」と思える程度にやっていくのが自分らしいと考えています。

今の気持ちを持てたのは父と母と弟、先生方、友だちなど、これまでの私を受け止め、気長に付き合い続けてくれた多くの人たちのおかげです。まずは「ありがとう」、そして「これからもよろしく」と伝えたいです。

第4章　不登校になった意味を問い続けて

北野健一

はじめに

中学校とは、私にとって苦痛な場所でした。卒業して20年近く経った今も、その思いは変わりません。ただ、不登校を経験した中学時代が全て苦痛、暗黒な時代だったかと問われると、そういう面が大部分を占めていたと思いますが、決して全てそうだったとは言えないような気がします。なぜなら、不登校になったことで知ることができた、少し広い世界には、私を受け入れ、認めてくれる人たちがいたからです。

私が完全に不登校になってしまったのは、中学2年生の3学期です。冬休みの実力テストが終わった瞬間、教室の自分の机を見ながら、「ああ、もうだめだ」「ここまでがんばったからもういいや」と思ったことを今でも鮮明に覚えています。

翌日の朝、母親に体調不良を訴えて休みました。結局この日から学校には行けなくなり、クラスの同級生から電話攻勢を受けて渋々参加した終業式の日まで、ずっと家にひきこもっていました。3年生に進学したのを機に、もう一度やり直せたらという思いで登校しましたが、1週間ほどで通えなくなりました。その後も、卒業するまでほとんど学校に登校することはできませんでした。

私の中学校生活

緊張の連続

私はもともと人付き合いが上手ではありませんが、小学校の時はそれなりに友達もいました。先生との距離も近く、のんびりとした、温かい雰囲気の中で過ごせていたように思います。しかし、中学校に進学してからは、毎日が緊張の連続でした。

小学生時代のゆったりとした生活は一変し、朝早くから夕方遅くまで学校に拘束されるようになりました。やっと一息つけるはずの土日も、どちらかは必ず部活動がありました。さらに、文部省（現文部科学省）の生徒指導に関する研究指定校に選ばれたことも影響していたのか、何とも言えない威圧感を覚える学校でした。

中学1年生の時

「あなたは、どうして学校に行けなくなってしまったのですか？」と、これまで、いろいろな人に聞かれました。その原因で最も大きいのは、やはり中1の時に味わった、クラスメイトからのいじめだと思います。

いじめは、私の言動をからかうことから始まりました。彼らは全員、私とは違う小学校の出身者でした。「やめて」「そんなこと言わんといて」と、何度も抵抗しました。しかし、私の反応を面白がり、やめるどころか、いじめはエスカレートしていきました。いじめを止めてくれたり、声をかけてくれる人はいませんでした。

何もしていないのに足で思いきり蹴られたり、スリッパを隠されたりしたこともありました。黒板消しで叩かれたり、椅子に画鋲を仕掛けられ、何も知らずに座ってしまったりしたこともありました。もちろん、ものすごく痛かったです。その横で、彼らはヘラヘラと笑っていました。こうした状態が続き、学校生活には全く集中できませんでした。

部活はハンドボール部に所属しました。もともと私は運動が好きではなく、文化系のパソコン部に入りたいと思っていました。しかし、学校は文化部を軽視し、「運動部で身体と精神を鍛えよう」というスローガンを掲げていたし、「中学に入ったら、やっぱり運動部でしょう」という親の勧めにも負けてしまい、１歳年上の仲の良かった近所の子がいるという理由だけで入部しました。

ハンドボールについては何の知識も無いまま入部したので、部活への参加は消極的で、嫌々やっていました。部活の仲間との人間関係も上手く作れませんでした。その上、クラスでの人間関係も上手くいかずに悩んでいたので、もう最悪でした。そのうち、１日学校に行っては２～３日学校を休むといった、五月雨登校になっていきました。その頃のことを振り返ると、何とか自分を守ろうと必死だったのだと思います。

親は簡単に休ませてくれないので、いろいろな策を講じました。家を出た後、途中で引き返し、「お腹が痛い」ことを訴え、そのまま休んだこともあります。この「お腹が痛い」は仮病でしたが、次第に本当に腹痛を起こしてしまうように、体が変わっていきました。また、母親に「熱っぽい」「頭が痛い」と言うと、体温計を渡されるので、トイレにこもり、体温計の先を擦って、摩擦熱で温度を上げるなどの細工をしました。ただ、ここで熱を上げ過ぎてしまうと、医者に連れて行かれてしまうので、気を付けないといけない。そんなことを考えながら、とにかく学校を休むために理由を作ったり、演技をしたりと必死でした。

学校での生活の様子もおかしくなり、欠席する日が増えていきました。すると担任は家庭訪問の際に、私と両親の前で「いじめは私が何とかするから、とにかく学校へ来い」と話したので、その言葉を信じて学校に行きました。担任は朝の会で「あるクラスでのこと」として、いじめの話をして、「このクラスでは、そんなことをする子はいないと先生は信じている」と言いましたが、そんなことでは収まりませんでした。

ある日、担任は私をいじめた子たち全員を教室の黒板の前に立たせ、一人ずつ、他の生徒も見ている前で顔を平手打ちしたのです。その後、印刷室へ連れて行き、いじめた子たちは床に正座させられ、担任に叱られました。これまでどれだけつらい思いをしてきたか、私も泣きながら訴えました。そして、最後は担任が「これからは仲良くしろ」と言い、いじめた子たちと私が握手をして終了しました。翌日からは、ますますクラスに居づらくなり、自分の居場所はなくなりました。

学校へ行こうとすると、必ずと言っていいほどお腹が痛くなりました。休んだ次の日の時間割や持ち物は、クラスの子に電話で聞かないといけませんが、これも何度も続くと友達も嫌がりますので聞きづらくなります。この子には昨日聞いたから、今日はこの子…というように、聞く相手も気を遣って変えていました。

忘れ物をしたら、当然、先生に言いに行かないといけないし、怒られます。下手したら、授業を受けさせてもらえないかもしれない。そんな恐怖心から、カバンの中を何度も、何度も確かめていました。連絡ノートに書かれた持ち物に、カバンの中に入れたという印である赤線を引いても、安心できませんでした。

ある日、大きな事件が起きました。その日も「具合が悪いから休みたい」と母に言ったところ、母が「もうこれ以上私を苦しめんといて！」と泣き叫び、布団で寝ている私を無理やり起こし、引きずって車に押し込もうとしたのです。私も泣いて抵抗し、部屋に戻ってドアの前に物を置いて誰も入って来られないようにしました。さすがに、あれは辛かったです。母に心配をかけていることは、私が一番わかっていたからです。でも、自分でもどうしようもできないので、あの時は、もうこの世に生きていても仕方ないとまで思いました。

私が学校を休むことに対して、父親も「またか！」と怒り、閉じこもったトイレのドア越しに「出て来い」と怒鳴られました。私は何も言わず、父親が会社に出勤するのをただ待つだけでした。そんなある日、父親が仕事を休み、珍しく学校に電話をし「息子と話し合います」と連絡をしたことがありました。しかし、自分の気持ちを聞いてくれたのではなく、「俺も会社で大変なんだから、お前も学校でがんばらないかん」ということを延々と言われました。

急に会社を休んだので、話し合いの最中にも、会社から仕事の電話が入ります。すると、父親はこう言いました。「お前のせいでいろいろな人に迷惑をかけているんだぞ」と…。今だから言いますが、「だったら、僕のことなんか放っといて、会社に行ってくれ、こんな時だけ父親面するな」と、当時は思っていました。

そんなこともありながら、なんとか学校に行ける日もありました。しかし、部活がネックで学校に行きたくないというのは変わらず、担任も見かねて、ハンドボール部からパソコン部への転部を認めてくれました。

中学2年生の時

中2に進級し、私をいじめた生徒は全て別のクラスになりました。先生の配慮だと思います。しかし、それでも毎日が息の詰まるような時間でした。新しく担任になった先生は、転任してきたばかりの女の先生でした。その先生は､私の気持ちに寄り添ってくれたという実感が今でもあります。朝、学校に行き渋る私に電話をくれたり、欠席が長引くと家庭訪問をしてくれたりしました。私の部屋に入ってもらい､話をしたこともありました。今思えば､その先生には心を開いていたのでしょう。

その頃は、人並みに思春期を迎え、気になる女子も少なからずいました。しかし、ある日のこと、私の顔つきや視線が「ガンを飛ばしている」と女子に誤解されていたことがわかりました。もともと、友達付き合いが苦手なのですから、誤解を解く術など、持ち合わせてはいません。男子だけでなく、女子とも上手く人間関係が取れずに孤立していく感じが深くなっていきました。そして、冬休み明けの実力テストが終わった瞬間、「もう学校には行けない」と思い、その翌日から3か月間、家に引きこもる生活を送りました。

不登校になって1ヶ月経った頃、母は「学校に行きたくなかったら、無理して行かんでもええよ」と、晩ご飯を作りながら言ってくれました。その言葉に、ものすごくほっとしたことを今でもしっかり覚えています。

家では、部屋で寝ていることが多かったように思います。とにかく、何も考えず、ぼーっとする日々でした。起きる時間も、学校に行っていた時は6時でしたが、どんどん遅くなり、昼前に起きるということもありました。母は「学校に行ってなくても、普通通り起きてご飯食べてね。別にあんた、悪いことをしているわけじゃないんだから」と言っていましたが、人の目が怖くて外に出ることはできませんでした。午前中に、母がスーパーに連れて行ってくれたこともありましたが、私はそれが怖くて仕方がありませんでした。なぜ、こんな時間に学校に行かずに、こんなところにいるのか、そんな風に、周りの人が見ているような気がしてなりませんでした。しかし、母は「親がそばにいるんだから、関係ない。何も悪いことしていないんだから。風邪ひいて、病院に行った帰りに一緒に買い物に連れていくことだってあるでしょ。気にしないの」と言うだけでした。

そうこうするうちに、あっという間に3月になってしまいました。すると、同じ小学校に通っていたクラスの友達が電話をくれるようになり、中2の終業式には最後だからということで参加しました。担任の先生は半泣きでした。そして、中3のクラスでは、誰と一緒になりたいか、希望を聞いてくれました。その頃、よく電話で趣味のアニメの話をしたり、一緒に出掛けたりしていた友達と同じクラスにしてほしいと頼みました。

中学3年生～適応指導教室との出会い～

4月は、中3に進級したのだから新たな気持ちでやり直そうという思いが半分、また行けなくなってしまうのではないかという思いが半分の状態でスタートしました。しかし、始業式のクラス発表の掲示を見た瞬間、愕然としたのを覚えています。一緒になりたいと、希望した子とは全く違うクラスになったのです。そして、担任も学年主任の男の先生に変わっていました。そして、担任から声をかけられ、「お前のような問題が大きい子は、学年主任のクラスになるんだ」というようなニュアンスのことを言われ、傷ついたのを今でも覚えています。

それでも、もう一度リセットしてやり直そうと、中３の始業式から学校に行ったものの、１週間でしんどくなってしまい、再び不登校になりました。目の前は真っ暗で、もうどうしていいのかわかりませんでした。そうこうするうちに、５月の連休明けに家庭訪問があり、担任が市の適応指導教室を紹介してくれて、見学に行くことになりました。

車で母親と一緒に適応指導教室へ行き、恐る恐るドアを開けると、４人の先生が迎えてくださいました。数人の中学生が、それぞれ勉強や工作をしていたり、中には漫画を読んで過ごしていたりしました。適応指導教室の先生は「今まで、いろいろ苦しいことがあったかもしれないけれど、ここで一緒にがんばろうね」と優しい言葉をかけてくれました。ここならば、通えるかもしれないという思いが自分の中から湧いてきて、翌日から毎日通うことになりました。しかし、ずっと家にいた生活からいきなり外に出るというのは本当に大変でした。でも、小さい頃から大好きだった路線バスで通えるということが、自分を支えてくれていたのだと思います。そのうち、友達ができて自転車で通うようになりました。中学校よりもさらに遠い場所にある適応指導教室への道のりでしたが、何の苦にもなりませんでした。

適応指導教室では少しずつ友達と話ができるようになり、1人、2人と友達が増えていきました。何よりも、他校の子と友達になれたことが本当にうれしかったです。不登校になっていなかったら、出会えなかった存在です。本当に楽しい毎日でした。適応指導教室でのたくさんの仲間との出会いから、人を信じてもいいという気持ちが芽生えました。今でも彼らは、かけがえのない大切な存在です。

一方で、学校の対応は相変わらず冷たかったです。適応指導教室に通っていた時は、「週に1度は学校に来て、先生と話すこと」を半ば強制されました。それは、出席日数が足りなかったためです。進路については、他の選択肢を知らなかったこともあり、当時は近くの高校に進学希望を出していました。適応指導教室で「遊んでいる」ことを何度も注意されました。しかし、自分にはどんな進路があるのか、担任は全く方向性を示してくれませんでした。以前の教え子のことを話し、「○○県にある全寮制の高校に行け」「とにかく、まずは学校に来る日を増やせ」の一点張りでした。

楽しい適応指導教室から、ストレスのたまる学校に戻りたくはなかったですが、進路がかかっているので、一度だけ保健室登校を試みました。学校の正門から保健室へ行く途中、「あ！北野が来た！」と校舎の方から声が聞こえ、怖い思いをしながら保健室に駆け込みました。しかし、そこにも1時間くらいしか居ることができず家に帰りました。放課後、私に会いに同級生が何人か来てくれたらしいのですが…。担任は直接会えなかったので、後日私を叱りました。

他校の子たちは、適応指導教室にテストを持ってきてもらい、持ってきた先生から優しい声をかけてもらっているのを見ていました。そのうち、私も適応指導教室の先生に「学校のテストを受けてみないか」と言われ、やってみようという気になりました。そのことを担任に話したら、「学校に来て受けろ」「お前一人のためにわざわざ持って行けない」などと言われ、自分が学校に迷惑をかけている存在、わがままな存在だと言われているように感じ、悩みました。学校での出来事を適応指導教室の先生にポロッと話すと、ある先生が「じゃあ、僕が取りに行ってあげるよ」と言ってくださいました。責任者の先生も怒って、私の学校の校長先生に電話してくれました。すると、すぐに担任が飛んできて、いろいろと言い訳をしていました。

「僕は、中学校ではなく、この適応指導教室を卒業する」「担任の先生は、適応指導教室の先生」と思っていましたので、卒業式は出席する気が全くありませんでした。何度も学校の担任から説得されましたが、心は動きませんでした。結局、式の午後、校長室で卒業証書を受け取りました。ようやく、中学校と縁が切れる。そんな思いでいっぱいでしたが、一方で、学年の先生達以外に祝ってくれる人や、卒業を喜び合える友達は誰もいません。今思えば、本当にあれでよかったのだろうかと、ずっと考え続けています。

高校進学後の生活

高校生の時

中学卒業後は全日制の高校に進学したかったのですが、公立も私立も受験できませんでした。当時は不登校に対する世間の認識は低く、内申点が低かったからです。「学校に登校する日を増やさないと、お前の進路はない」という言葉に、どれだけ怯えながら過ごしていたかわかりません。結局、中3の時の担任が「そういえば…」と、ふとしたきっかけで思い出したサポート校に進学することになりました。通信制高校と技能連携しており、不登校だった生徒も受け入れていました。

当時、その学校はお世辞にも「学校」といえるような建物や環境ではなく、どちらかといえば「私塾」のようなところでした。それでも、私にはそこへ行くしか道はありませんでした。小学生の時にお世話になった塾の先生から、県内の公立の通信制高校を勧められたり、適応指導教室の先生から定時制の話を聞いたりして、今のようにインターネットなどで情報が手に入らない中、自分なりに何とか考えて進路先を見つけ出そうと必死でした。しかし、ことごとく担任は「お前は甘い」「人との関わりを何で避けようとする」などと私を叱り、認めてくれようとはしませんでした。

サポート校には、他県からもいろいろな経緯や背景を持った仲間が集まっていました。自分を否定してしまい、投げやりな人生観しか持ち合わせていない子もいました。私もそう思ったことがありましたが、サポート校での先生や自分と気の合う友達との関わりを通して、前向きな気持ちになっていったことを覚えています。

思い切り自分が出せた３年間だったと思います。もちろん、自分を出しすぎて、友達を傷つけたり、自分も傷ついたりすることもありました。しかし、そんな人間臭いやり取りを通して、支えてくれる先生や友達と出会えたことは私の人生にとっては貴重だったと思います。いつからか、「将来は不登校の子どもたちを支援したい」という夢というか、思いが芽生えるようになりました。それを理由に、古巣の適応指導教室に土曜日に通ったりもしました。それは、今思えば、自分自身に対する癒しだったのではないかと思います。

サポート校の先生から、「不登校の子どもを支援するのであれば、ぜひ臨床心理士の資格を取った方がいい」とアドバイスをもらいました。そこで、大学を目指そうと思ったわけです。当時の私は単純でしたから、臨床心理士として、教師とは違う立場で子どもたちを支援していきたいと思いました。その原動力は、当時の中学の教師への憎しみや恨みだったことは間違いありません。

京都での大学生活

中２の秋の遠足で行った京都は、印象に強く残りました。京都の楽しさ、そして、中３の時に適応指導教室の友達から教えてもらったテレビ番組を見て知った、大阪や関西の文化の面白さから、どうせ行くなら関西の大学に行きたいという思いが芽生えました。サポート校の担任の先生からも、「ぜひ受験してみたらどうだ」とアドバイスされました。「お前はここで本当によくがんばってきたし、これまで苦しんだ経験を大学での学びに生かしたら良い」と言われ、受験のための援助もしてくれました。その結果、A大学へ入学することができました。

京都での生活が楽しみだった半面、学部生時代は常にホームシックの状態で、連休や長期の休みの度に、実家に帰りたくて仕方がなかったのを覚えています。そして、念願だった臨床心理士資格が取れる、同じ大学の大学院に進学することができました。大学院に進学して、ようやく京都での生活に慣れたのかもしれないなあと今では思います。

おわりに

大学に進学した際に、不登校だった時にお世話になった方からこんなことを言われました。「A大学に入れたから、今までのことはもういいよね」と。正直、それは違うと思いました。有名な大学に行けたから、大学院に入れたから「これまでのことはもういい」「今までのことはチャラになる」ではないと思います。不登校をしたから、今の自分があるのです。それどころか、36歳になった今でも、自分が不登校になった意味をずっと問い続けています。

私が不登校をしてわかったことは、人の心は生身の人間との関わりでしか成長できないし、癒されることはないということです。不登校を経験した私は、将来、同じように不登校で苦しむ子どもたちの支えになりたいという思いを抱き続け、大学院修了後は関西の某市にある適応指導教室に、指導員として5年間勤務しました。その間に、念願だった臨床心理士の資格も取得しました。いろいろな要因や背景で学校に行けなくなった子たちとの関わりを通して、子どもたちが集団の中でお互いに学び合い、ぶつかりながら成長していく姿を目の当たりにしました。子どもたちを支援する方法として、1対1のカウンセリングも大切だけれども、私は一度にもっと多くの子どもたちと関わりたいという思いが強くなっていきました。

適応指導教室に入所してくる子どもたちの状況や様子も年々変化していき、当時主に関わっていた中学生たちの姿を通して、学童期までに身に付けていなければいけない基本的な生活習慣が身に付いておらず、コミュニケーションスキルや自分の思い通りにならないことに対する耐性がどんどん弱くなってきているということを感じるようになりました。そのことから、子どもが将来社会で自立していく力を得るためには、子どもたちがそれぞれに合った安心できる集団の中で、これまで身に付けることができなかった力をもう一度育むことができるようにしなければいけないと思うようになりました。

適応指導教室で一緒に働かせていただいた指導主事の先生から、「だったら、まずは教師になることがいいのかもしれない。あなたは教師に向いていると思うよ」と勧めていただき、その言葉がきっかけで大学の通信教育課程で小学校の教員免許を取得し、地元の教員採用試験を受けて小学校の教員になりました。

私の人生にとって、良くも悪くも「学校」という場所は大きなテーマであり、意味をもっているなあと感じます。多くの子どもたちにとって身近な集団である、公立の小学校という場が子どもたちにとって安心でき、魅力のあるところにしていけるように、そしてこれからも、自分が経験した不登校の意味を考えながら、たくさんの人々や子どもたちとの関わりを通して、社会に微力ながら貢献していきたいと思います。

第5章　これまでの半生――まだまだ、これからの半生

たなかきょう

「はじめまして　たなかきょうです」

どの様に、生きれば良いのか。そもそも、生きていても良いのか。この思いは、僕の半生においての一番のテーマだったように思います。僕とは、何者で、何のために、息を吸っているのか、心臓は鼓動を続けるのか。生きているのか。もしかしたら、今もまだ、このことを考え続けているのかもしれません。

僕は、今、上から9歳、6歳、1歳、0歳。男の子、男の子、女の子、そして男の子の4人の子どもの父親です。そして「たなかきょう」としての「音楽活動」と、「就労継続支援事業所」の職員を、やらせて頂いています。音楽活動は、「32年」「テレビの前の王様」「がんばっぺ」「ホントウノコト」をリリース。事業所では、「就労継続支援B型事業」のサービス管理責任者として勤務させて頂いています。

最近になって、ようやくと言えるのか、不安の中でも、これで良いのだと思えるようになってきたように思います。今回、この原稿をお受けするにあたり、自分の半生について、再度向き合うこ

とが出来たこと。このタイミングでその機会を頂けたこと。僕にとって残りの人生を生きるのに、大変良かったと考えています。今までのことを時系列に並べ、一体何が心の中に起きていたのか、考えながら書きたいと思います。つたない文章のため読みにくいものになると思いますが、読んで頂けたら幸いです。

動けなかった日々〜無駄な時間?〜

高校卒業から31歳まで、断続的に、6年弱の動けない時期がありました。動けなくなった始まりは、高校卒業式の日、父親からの「無駄な時間を過ごしたな」。この言葉が、我慢していた何かを壊してしまいました。僕が、動けなくなったことが、父親のせいであるとは考えていません。ただ、一つのきっかけであり、父親は僕にとって大変大きな存在であったことは事実です。その瞬間の出来事は今でも鮮明に覚えています。卒業式から帰り、部屋で、無力感と失望感、後悔に打ちひしがれていたとき、普段は僕の部屋には近寄らない父親が、部屋をノックし一言、前述の言葉を告げて、部屋を後にしました。その時、身体中の血液が逆流するような感覚に襲われ、張り詰めていた何かが弾けました。そして、クラブ活動でもらった記念品や、部屋にあった目につくものを、壊しました。一通り暴れた後、力が入らなくなっていました。「もう、無理だ」と何度も何度も呟いて、そこから数日、寝ていたように記憶しています。

僕は、高校生活のほとんどは、クラブ活動に費やしていました。中学の頃から始めたバレーボール。一勝も出来なかった中学でのバレーボールを高校では、絶対勝ちたい。その思いで高校では、迷わずバレーボール部に入部しました。このバレーボール部に所属することは、父親から反対されていました。

アトピー性皮膚炎

練習に行く度、帰りが遅くなる度、このことについて父親との言い争いは絶えませんでした。高校2年生頃より、アトピー性皮膚炎が酷くなってきたため、バレーボールに支障が出ると言う理由で、両親より反対されていたステロイド剤を使用していたのですが、高校3年生の夏で引退したことを機に、薬の使用を止め、親の勧める治療法へ変更しました。薬の使用を止めた途端、猛烈なリバウンドと呼ぶ、症状が出始め、僕の皮膚は、赤く腫れあがりかさぶたが出来ました。関節が裂けてしまい、身体を出来るだけ動かさないようにして歩く姿は、道を歩く子どもが、「お化けが来た」と言うほど、酷い状態になっていました。

思春期真っ盛りの僕にとって、それは耐え難い屈辱でした。しかし、気持ちとしては、完治を目指すという思いでいつか良くなるはずと、決して後ろ向きなものではありませんでした。ただ、このアトピー性皮膚炎が、卒業式付近、それまでの中で最もよくないくらい悪化していました。医者には、クラブ活動が悪化の原因の一つかもとの話も聞かされ、将来的にバレーボールが出来るほどの才能があるわけでもなく、父親の反対も聞かず、身体をここまで悪くして、自分がやろうとしたことの結果は、進路もなく、かさぶた、血だらけの真っ赤な皮膚では、自分の中で、高校生活に疑問が出てきていました。

卒業式の前日、友達と予約していた卒業旅行をキャンセルしました。旅行会社で、行かなくてもキャンセル料が発生するという、当たり前の社会のルールに、行く気が出ない自分に余計に腹が立ちました。一緒に行くはずだった友達には、「行きたくなくなったから」と伝え、その態度が、彼らの気分を害したことは間違いありません。卒業式以来、彼らに会うことも連絡を取り合うこともありませんでした。

そして、卒業式当日、最後に在校生のアーチをくぐる時、酷い状態を見られるのが嫌で一切顔を上げなかった自分が許せなくなりました。その後、写真を撮ったり、遊びに行こうと談笑している同級生と話すこともなく、自室に篭りました。自分の高校生活を台無しにしたのは、自分だと責めていた時、父親からの言葉が追い打ちをかけました。そして、行こうと決めていた予備校には一度も行けず、家でただひたすら寝ていました。

存在意義

幼少期から僕は、とにかく身体が弱く、学校を休むことが多かったです。今となれば本当に期待されて大事にされていたのだと思えますが、父親は全てにおいて厳しかったと思います。何か出来ないことがあると、殴られ「生きている意味がない」「情けない」「家の子どもではない」と言われていました。「頑張れ」と言う言葉は、死んでしまえと言う言葉に僕には伝わりました。家の中では、両親の期待を一身に受けているのですが、外では、両親が期待するほど、何かに長けているわけでもなく、努力が持続するわけでもありませんでした。本当に出来ないことが多かったように思います。何をするにも、取っ付きが良くなく、時間がかかりました。なぜ父親は、息子である僕にあのような態度なのか、小学校低学年の頃には、自分の存在意義について考えていたように思います。死んでしまったほうが良いのかなと考え出したのもその頃が最初だったように思います。このことをしたら、あのことをしてやるとの約束も守られないことがほとんどでした。今、自分が親になって振り返ってみると、親には親の言い分があり、僕が強く期待した約束は、親にとってはさほど重要でもなく、親がやっていると思えていることは、僕にとってはそれほど重要でなかったのかもしれません。一生懸命だった親には、大変申し訳ないことにやってもらえなかったことばかりが残ってしまっています。僕が今、子どもたちに出来ていることより、たくさんのことをしてもらったはずなのにです。僕の一つの特性であると思いますが、人一倍、認められたい必要とされたいという気持ちが強い気がします。それは、生い立ちがそうさせたのか、もともと持っているものなのかわかりませんが、父親にわかってほしい。良くやっていると認めてほしい。この気持ちは未だにあると思います。

父親への期待

僕の能力、立場を顧みずあえてあの頃の父親に言うのであれば、もう少しでも、素直に「大切に思っている」と伝えてくれていたら、かなり救われていたのかもしれません。生い立ちに不満を持ち、それを押さえつけるかのように自分に厳しく、人生に弱音を吐かず生きるのに必死だった真面目な父親にとって、それは無理な注文なのかもしれません。ただ、僕としては今でも、父親がいると緊張するし、直接会話を交わすことはほぼありませんが、父親が何を楽しみ、喜び、恐れ、悲しむのか父親の声が聞きたかったと思っています。

始めての立ち上がり

最初のひきこもりは、半年弱で、車の免許が取りたくなり、教習所に通いだしたことで、なんとか動けるようになりました。免許が取れると車が欲しくなり、アルバイトを始めました。バイクの部品屋、居酒屋、カラオケ屋、運送業、上司に言われるままに、とにかく働きました。忙しかったのですが、そのことが、考える時間を減らし、元気になってきたのだと思います。しかし、成人式には、この時の状態では、自分のことを認めることが出来ず、出席しませんでした。このままでは駄目なのだという思いは、ずっとあったように思います。

東京

そんな中、東京に行くことを決めました。行けば何かが変わる気がしていました。家を出たかったのも一つの要因でした。20歳の４月。東京で一人暮らしを始めました。しかし、２ヵ月後、皮膚炎の悪化がもとで、京都に帰ってくることにしました。このことも、辛くて、情けなくて、家で暴れ、嘆き、半年少しの間、ほぼ誰にも会わずじっとしていました。

運送業

半年と少し過ぎた頃、また、車が欲しくなって仕事を始めました。今回は、あまり人と関わらなくて良い運送業を選びました。

自分がどのような生き方をするのか、日々の苛立ちや不安、そういうものを忘れさせてくれるくらい、忙しい職場でした。人生で一番稼げたのはその頃でした。欲しいものは、なんとなく手に入るし、必要ともされる。その仕事で、父親くらいの年齢の方が部下になったり、人生についていろいろ教えてくれる先輩に会ったり、いろんな経験をさせて頂いたと思います。こういう人生もアリかもと少し思えていた時期でした。その職場で、後輩が自死しました。最後の電話が僕だったこと、会いに行くと言えなかったこと、自分の方が死にたかったのに、偉そうに彼に、「生きろ」と言っていたこと、いろんなことが、嫌になってきた頃、下請けだった会社の倒産を機に、退職しました。

自動車整備

退職を機にありがたいことに、当時、お客として通っていた車のメンテナンスを行うショップの社長から働いて欲しいと声をかけてもらいました。社長は、僕より3歳年上で、夢に向かう姿、男としてどう生きるか、車の整備のやり方、本当にたくさんのことを教えてくださいました。尊敬もしていたし、生きていて良かったと思えるようになっていました。父親は、会社の規模が小さかったこと、何より、車の整備という仕事は気にいらないようで、言い争いは絶えませんでしたが、僕は本当に充実していたように思います。

夢がありました。しかし、働きだして、2年経たない頃、その社長は、整備中の事故で亡くなりました。泣けなかった自分。なぜ、僕ではなくあの人が亡くなったのか。納得出来ないことが、たくさんありました。店の存続を訴えましたが、閉めることになり、退職しました。そして、すぐに、その社長がお世話になっていた会社の社長に声をかけて頂き、整備工場で働きだしました。

結婚

その整備工場時代に、結婚しました。

ずっと家族が欲しかった僕にとって、念願の結婚でした。これで僕は、もう大丈夫。疑いもしませんでした。式が決まり用意を始めていた頃、しばらく忘れていたアトピー性皮膚炎が、これまでにないほど悪化し、結婚式の前日まで、起き上がることも出来ませんでした。会社も、式の一ヶ月前より休ませて頂き、そんな中式を行い、会社の方も来てくれました。これで、僕は、大丈夫。最悪の状態であるにもかかわらず、そのことを、疑いもしませんでした。

当たり前ですが、そんな状態では上手く行くわけもなく、結婚して早々と、復帰はしたものの会社を退職。会社を退職後、自動車整備ではやって行けないことを悟り、鍼灸の学校に行くことを決めました。夜間の学校だったので、何とか仕事を探したのですが、今までは雇ってくれていた業種ですら不採用で、挙句のはてには、面接用の写真を撮るお金すらありませんでした。そのことが、ますます夫婦の関係を悪化させ、喧嘩ばかりしていました。働かず学生で、心の幼稚な僕に、元妻とその両親は愛想をつかしました。

離婚そして、最長最悪のひきこもりへ

元妻の居なくなった３ＬＤＫのマンションで、僕の半生、最長最悪のひきこもりが始まりました。

家具がなくなりガランとした部屋で、学校にも行かず、家も出ず、電気もガスも止まった部屋で、たたんだままの布団の上に横たわり、時計の秒針を、ずっと数えていました。昼とか夜とかの感覚もなく、耳の中に聞こえる、僕を責め続ける言葉に謝り続けながら、廊下を誰かが走り回る音に怒鳴りました。誰もいないはずでしたが、僕の耳にはそれらの音が聞こえていました。心に聞こえていたのかもしれません。そんな状態の中ある日、母親が尋ねてきて、実家に連れ戻されました。賃貸のマンションの後始末や引越しは、父親がしてくれたのだと思います。母親が来たタイミングも実際のところ、元妻が居なくなってどれくらいの頃なのか、電気ガスが止まってからどれくらいだったのか。正直に言うとこの頃のことは、記憶がかなり曖昧です。実家に帰ってからもしばらくのことは、覚えていません。ただ、耳にずっと、声が聞こえていました。死に方を考え、実行出来ずに、嘆き、母親を責め、自分を責め、すべてが、どうでも良くなっていたように思います。学校を一年ほど休学した後、復帰したのですが、電車に乗れないことに気づきました。電車に乗ると、車内の人が全て僕のことを見て、笑っているような気がしました。復帰後、一ケ月も経たない内に、行くことをまた止めました。車で通うという方法もあったのですが、授業中にじっとしていることが、ほぼ不可能でした。授業を聞いていると身体の震え、意味もない苛立ちがこみ上げてきました。心が絶えずザワザワしていました。ビルの屋上に上がり、飛び降りるどころか、フェンスも越えられず、何をやっているのかと、自分を殴りました。首をつろうと縄を結び、輪を前にして一晩中泣いていました。息を止めてみても、息苦しくて吸ってしまいました。生きることを止めることすら出来ませんでした。そのことを、また責めて、一体、自分は何のために生きているのか。この問いが頭の中を支配していました。

諦めること

このような生活の中、一つ覚えたことがあります。それは、諦めることでした。初めに諦めて楽になったのは、眠ること、当時、眠れないことに、大変悩んだ時期がありました。ある日、眠れないなら、寝ないでおこうと決めました。２日ほど起きていたでしょうか。眠くて眠くて仕方なくなり、ぐっすり眠れました。それからは、しばらく起きていられるだけ起きて、眠れるだけ眠るような生活をしていました。そうするといつしか、眠れないことに悩んでいたことを忘れていました。耳に心に聞こえていた声も、聞きたくないと思っていた頃は、どのようにしても聞こえてきましたが、何を誰が言っているのか聞こうとすると、聞こえないことに気づきました。今から思えば、時間はかかりましたが、一つひとつ、諦めることによって、解決してきたように思います。

少し元気になってきたからなのか、どうにもならない不安がありました。僕の自分の存在が人から見えているのかどうか。家族以外とほとんど会話することがなかった頃、度々夜中のコンビニに行って、入店時の「いらっしゃいませ」の言葉を確認しに行っていました。その言葉で気づいてもらえたと安心していました。何件もコンビニを梯子することもありました。自分なんか居なくなってしまえと強く願っていたにもかかわらず、気づいてほしい気持ちもあったのだと思います。休学していた学校を辞める決心をして、自分の中での最後の希望もなくなってしまいました。今回も最後までやり切ることが出来ず、自分で辞めてしまいました。自分のようなものは、何かやり遂げたり、評価されたりすることは無理なのだと、諦めることにしました。そのことも、気持ちを楽にした要因だと思っています。何も無くなり、途方に暮れる僕は、レンタルした映画を見て、夜中にうろうろしながらインターネットに時間を費やす日々を過ごしていました。

音楽やってみようと思えたこと

そんな中で、ある日ふと、どうせ何も出来ないなら、大好きなことを出来なくていいからやってみようと思えました。そこで始めたのが、ギターと作詞作曲でした。29歳でした。何も考えず、ひたすら没頭しました。毎日1曲というのを日課にして、ただ作っては録音して一人で聞くことを繰り返していました。１００曲弱ほど作ったと思います。良い曲とか、上手いとか下手とかそんなことはどうでも良かった。それもまたある日、インターネットで知り合った人に曲を聞いてもらいました。そしたら、その人が元気出たと言ってくれました。そのことが僕に勇気をくれたのだと思います。

はじめてのライブ

どうせなら一度、人の前で歌ってみようと思いました。そこで、安価で下手でも出演出来るライブハウスを探し、出演してみることにしました。30歳６ケ月で遅すぎる音楽活動をスタートしました。結果はなんとも形容し難いほど酷いライブでしたが、捨て身の僕は、もう一度やればもう少し良くなるかもという気持ちになりまして、出演出来るところを探すようになりました。何度か出演を重ねて行くことで、どんどん欲が出て来ました。もっともっと良いライブがしたいと思いました。

音楽活動と呼べるものではなかったかもしれませんが、何か自分からアクションを起こしたことにより、協力してくれる方が現れ、ホームページを作ってみたり、チラシを作ってみたり。想像もつかないようなことを始めました。目立つことが必要な世界にいることにより、電車に乗れば車内の人が僕を見ているという感覚も、見てくれるわけがないに変わりました。今では、電車の中で歌っても、気づいてくれないのではという逆の恐怖すらあります。歌って行く過程で徐々にですが、音楽をやりたいと人に言えるようになりました。音楽で生きて行きたいとも言えるようになってきました。今は歌で誰かの力になりたいと思っています。僕が、遠回りすることになった本質的な僕の考え方にも気づき、そこを、なりたい自分になれるように、今も変化させている途中だと考えています。

結果にこだわりすぎる

なりたい自分と現実の自分。僕は、小さい頃から、現状と気持ちとのギャップに苦しんでいたのではないかと考えています。簡単に言うと、出来ないことをやりたいと言えない。もしくは、結果が出ないものを、やりたかったと言えない。勝てないものを、勝ちたいと言えない。そんな自分が居たように思います。やりたくて努力したとして、だけど、結果が出そうにないなら、やらないでおこう。そういうことの繰り返しだったような気がします。いつもやる前に、どのような結果になるか、どのように思われるか。そういうことばかりを気にしていたのかもしれません。動けなくなる時期が、繰り返し来た理由もそこにあると思います。次こそは、失敗しないでおこう。次こそは、辛かった分、すごいことをやってやろうと、いつも、結果ばかりに囚われていたのが、何度も繰り返した要因ではなかったのだろうか。最後のひきこもりを抜け出した僕がそれ以前と違うのは、結果が欲しいと言えること。欲しいものが手に入らなくても、まだ、欲しいと言えること。欲しいものがどのようにしたら手に入るのか考え続けようと思えています。なりたいものになれないから、なれそうなものを探していたことが、僕を追い詰めたように思います。これからも、今までより辛いことは起きるのだろうと思います。だけど、動けなくなっても、もう、以前のような時とは、動けなくなり方が違うと思っています。究極の諦めは希望に変わるのだと知りました。欲しいものを欲しいと言えることが、僕の最大の武器だと今は思っています。音楽活動を続ける理由は、人生はやり直せるからです。心が辛い人の勇気になりたい。心が辛い人がいることを、知ってほしい。この思いで、歌えるだけ歌って行ければと思っています。

「お休みの日」詩・曲　たなかきょう

今日は朝からなんだか　体調が良くないからお休み
にっこり微笑み母さんは　テレビの前に布団を敷いてくれた
真っ直ぐに横になれないから　頭の部分は高く
まるで王様みたいだなって　苦しい息のもと　おどけてみせた
15分で終わる番組を　いくつもいくつも　見ながら
毎日　同じやつなんだなって　毎日同じこと　思った

友達の元気に遊ぶ声　部屋の外から聞こえた　僕は急いで耳を塞ぐ
呼吸の音を感じる　胸の鼓動を感じる　全てがモノクロに感じる
時が過ぎる音　耳に鳴り響く

ばあちゃんは大好きだけど　一つだけ嫌いなとこがある
僕がこうなるのを　かあさんのセイだと言うから
かあさん　あんまり自分を責めないで　悲しい顔しないで

僕がこうなるのは　誰のせいでもない　そう　僕のせいでも　あなたのせいでも
とうさん　いつも　根性が足りない　負けるなって言ってるね
ごめんなさい　心も身体も　強い子になれるように　頑張るよ

友達の元気に遊ぶ声　部屋の中まで聞こえる　僕は急いで心を塞ぐ
呼吸も鼓動も感じない　喜びも悲しみも感じない　全てがモノクロに感じる
時だけ過ぎてく音もたてないで
友達の元気に遊ぶ声　部屋の外から聞こえる　僕はもう何もしない
呼吸の音も聞こえる　胸の鼓動も聞こえる　全てはっきり見えてる
時を刻む音　心を溶かした

今、思うこと

辛い状態から立ち上がり、ようやく就労に至ったとして、継続のむずかしさを自分の体験として
も感じています。「なぜ、働くのか」そのことに自分なりの答えがないと、よほど上手く行かないと、
何かあったときに自分を支えることが難しいと感じています。ひきこもりと言う状態が生んだ失っ
たものが、元気になればなるほど、見えてくる現実もあります。

職場での仕事の不向きや人間関係の問題はもちろん重要ですが、たとえば、年金や健康保険、税
金。心を閉ざしている時に、これらの窓口で各種手続きを行うことは、僕にとっては非常に困難で

した。担当部署からの催促や勧告には、応えられずにいました。むしろ、見ないことにしていました。形としての負の財産も背負うことになりました。現実的に今解決しておかなければならない問題ですら、向き合うことが難しいことも多いと思います。就労の継続の難しさにこういった現実問題も、大きく心に覆いかぶさってきます。

今、働いてる就労支援事業所「絵と音」では、若者の社会復帰・自立を「福祉サービス」を通して支援しています。あえて「障害者就労支援」というシステムを受け入れた「利用者」さんは、暗闇から再生へと向かっている「同志」と言えるのかもしれません。

人生は不条理に満ちているように思います。全てに恵まれているように見える人、豊かな国に住む人、貧しい国に住む人の人生も平等になるように。僕たちは、暗闇を恐れず目を凝らし小さな希望を見つけようとしているのではないかと思います。困難は乗り越えようとするより、受け入れ、時にやり過ごして進んでいければと考えています。

最後に、子どもは認められ、安心できる環境で育ててほしい。失敗や困難から回復する力、エネルギーという一生の財産を育めるようなればと感じています。

そのような子育てがしていきたいと考えています。

第6章　ひきこもりの実感がないひきこもりの自分

中上洋介

私は、現在25歳であるＮＰＯ法人を手伝っていますが、22歳で会社を辞めた時からいわゆる「ひきこもり」に属しており、おそらく今もひきこもりの当事者だと思われる。こう書いたのは自分自身ではひきこもりという感覚がないからです。一般的なひきこもりのイメージは、「一日中、部屋（家）にこもって外に出ない」ことだと思いますが、私自身はひきこもりの期間（今もそうですが）、一日中家の中にいることは、ほとんどなかったのです。散歩したり、図書館に行ったり、遊びに行ったりしていました。ただし、社会活動には参加していませんでした（ここでいう「社会活動」は、ほとんど「仕事」を指す）。なので、その後、ある会議に参加したときに気づいたのですが、私は「実感はないが、社会的に見ればひきこもりに属している」ようなのです。少し異なるかもしれませんが、いわゆる「社会的ひきこもり」と呼ばれているものに近いかもしれません。ここからは、自分史を振り返って経過をみていきたいと思います。

出生から大学入学まで

出生から大学まで特に問題（不登校等）はなかったので、省略してもいいですが、自分として問題がなくても他人から見れば何かあるかもしれないので簡単に紹介しておきます。小学校、中学校と地元の学校に行きました。人前で話すことが多少苦手でしたが、パニックを起こしたりしゃべれなくなったりすることはありませんでした。人前で話すことは今でも苦手ですが、昔よりは大丈夫です。また、中学3年生の時ですが、急に友人と一緒にお弁当が食べられなくなりました。今でも原因がわかりませんが、その時は昼休みにお弁当が食べられず、家に帰って食べてました。その後、いつのまにか治っており、また普通に食べられるようになりました。高校は近くの私立校に入りました。

そこは進学校だったのですが、私はそのことを全然知らずまったく別の目的をもって入りました。今のところ、私の人生ではターニングポイントの一つだと思います。最初は進学校であることに面食らいましたが、何とか勉強についていけました。というよりも勉強をがんばったという実感がほとんどないです。これが今にして思えばまずかったと思います。楽にとは言いませんが、それほど苦労せず大学に入れたので、本当に努力することがわからなかったです。今でもそうですが、どうにかなるという性格傾向になりました。いい意味で楽観的、大局的、寛容的、悪い意味では社会の厳しさを知らない、甘いということです。「寛容的」という意味では、これまでほとんど怒ることがなかったです。しかし「寛容的」が度を過ぎると、大事なことも大事にしなくなる、自分にとって何が大事なのかわからなくなるという一種の「虚無的」になってしまうと思います。

大学から就職まで

大学に入ると自由な時間ができるので、周囲の人たちはバイトやサークル活動にあてていましたが、私はバイトもサークル活動もまったくしませんでした。友人もろくにつくれず（つくらなかったのではなくつくれなかった）、ほとんど一人ですごしていました。今でもそうですが、私は慣れていないことや初めてのことを実行するのにすごい抵抗があるようです。失敗をすごく恐れているのだと思います。就職活動でもそういった傾向が出ました。就活において必要とされているエントリーシート、インターン研修、OB・OG訪問などが大嫌いで（初めてやることだったからかもしれません）、そういったことを必要としない会社がいいと思い、実家の近くの中小企業を選びました。

出身地域が中小企業で有名なので、イメージも良く家から近いと通勤も楽だと思ったからです。職種はどうでもよかったです。これは今でもそうなのですが、「やりたい仕事、やりたいこと」といわれても自分ではわからないのです。普通は自分しかわからないのですが。好きなことはありますが、残念ながら趣味の域を出ないと思います。そうした動機でしたので、仕事自体に執着心もなく、本当の面白さもわからなかったです。その会社を三ケ月で辞めるのですが、辞める直接的な原因は上司が恐かったことでした。今思えば特別、厳しい感じはしませんが、その時はとても恐かったです。もともと仕事自体に執着心はなかったですし、人生における仕事の重み・意味というものもわからなかったです（今でもあまり分かっていないと思いますが）。仕事は「社会的に有意義な」ひまつぶしぐらいに思っていました。なので、その後のことをどうするかも考えず、困難な状況からすぐに逃げ出したような状況です。そうしたことや日々の言動から、父親に大学で発達障害のカウンセリングをすすめられ受けるようになりました。

ひきこもりからＮＰＯを手伝うまで

大学でのカウンセリングは二ケ月に１回程度で、主に発達障害かどうかを調べるために行きました。カウンセリングでは、生い立ちから会社を辞めた原因などさまざまなことを聞かれました。今こうした支援をする立場となって、カウンセリング事務所の人とも会うことでわかったのですが、二ケ月に１回程度のカウンセリングではなかなか効果が出ないと思います。うつ病などで急に状態が悪化してもすぐには対応できないので、むずかしいと思います。カウンセリングの先生は臨床心理士でしたので、医師のように公的な診断は出せないが、何回かカウンセリングをして一応、発達障害の検査だけはやっておこうということになりました。いろいろと検査を行った結果、発達障害の可能性もあるが発達障害ではない可能性もあるといういわゆるグレーゾーンでした。正直に言うと、発達障害であることを期待していました。失礼な話ですが、その時は、「障害」というのが一種の免罪符のように感じていました。障害者手帳をもらって働くように、何らかの社会的援助をもらって働ければ楽だなと思っていました。今でも「ひきこもり当事者」というのを免罪符のように使うことがあることは否定できません。結局、その後、病院へは行かず発達障害かどうかはわかりません。

その間、会社を辞めてからは次の仕事を探すという気も起こらず、このころが最も「ひきこもり」という状態でした。この頃の気持ちで一番大きかったのが「焦り」です。「このままではいけない」、「何とか状況を変えなければいけない」と思っているのですが、何をどうしたらいいのかわからない、仕事を探す気も起こらないという気持ちでした。同時に親も退職するというときだったので、ますます焦るという悪循環でした。一日中、家にいるのも罪悪感があったので図書館に行くことが多かったです。そこでもひきこもりやうつ病の本を読むことが多かったです。ひきこもり脱却のヒントをみつけようというよりも、どういう人たちがなりやすいのか、何が原因なのか、どういう研究がなされてきたのかという視点で読んでいました。そういう状況が会社を辞めた後の約1年、続きました。

最終的には父親がそういう状況をみかねて、知り合いのひきこもり支援をしている人（ここではA先生としておきます）を紹介してくれて、その人がやっているNPO法人を手伝うようになりました。それが今、所属しているＮＰＯ法人です。ここで、どのような法人なのかを簡単に説明しておきます。この法人は、若者・ひきこもり当事者の就労を支援するＮＰＯ法人なのですが、ほかの団体のように既存の仕事を紹介・斡旋するのではなく、その人にあった仕事を作ることを目的としています。同時に、当事者を支える支援者の生活を支援するという目的も持っています。当事者を支援するのはもちろんですが、近年では当事者を支える支援者の方の生活も苦しくなってきており、そこも合わせて支えようという目的があります。「仕事を作る」ということなので、いろいろな事業を自分たちで起業して行うことになります。その事業を当事者たちの中間就労の場としたり、また当事者たちと一緒に自分に合ったやりたい仕事を起業したりします。

私が手伝うようになったとき、この法人はできてすぐだったのですが、最初に頼まれた作業は、これまでの発達障害の研究の中で出てきたいろいろな説をまとめ、本を作ることでした。人と無理なく接するまでにはひきこもりから回復しておらず、またそういう作業が得意そうに見えたようなので、Ａ先生はこの作業をすすめてくれました。私としては、そういう作業はおそらく得意なのだと思います。「おそらく」というのは、前述したように自分で何が得意なのかいまいちよくわかってないからです。その作業がどんなものであれ、何かやることができたのはとてもありがたかったです。結局、その後も図書館通いが続くのですが、前は目的もなくただ家にいることに罪悪感があったり時間をつぶすために来ていましたが、今回は発達障害に関する資料を集めるという目的があったのでとても楽でした。半年ほどかけて完成させ、自費出版することになりました。A先生にはとても感謝されました。その時は、人から感謝されるというのが単純にうれしかったです。ひきこもりの期間というのはどうしても自分に自信がなくなっているので、ちょっとしたことでも「できる」ということは回復のきっかけになりました。ひきこもりからの回復はちょっとしたきっかけから、少しずつでしか回復しないのだと今でも思っています。私自身も、最初は週1回の手伝いだったのが週3回になったり、別の事業を手伝ったり（ツアー事業の添乗員の手伝い等）、だんだんといろいろなことができるようになりました。この「できる」というのは、技術的にではなく気持ち的にという意味です。つまり、いろいろなことをやってみようという意欲が出てきました。これまで何度もいわれてきたことですが、結局のところ、支援において最も重要になるのが本人の意欲、モチベーションだと自分の経験からも思っています。このような、手の足りないところに自由に行くという働き方が、もともと理想ではありました。ただし、生活は安定しないと思うし、実際まだしていません。起業支援もしくは自分たちで起業していく中で、難しいと思うのは、やはり前述した「やりたいことがない」「自分でも何をやりたいのかわからない」という気持ちです。生活が安定するような事業ができればいいのですが、これまでいろいろな事業を行って、試行錯誤している段階です。

そうした活動の中で、自分自身で「元気が出てきたな」と感じるのは、やはり人との交流でした。

所属している法人の関係である会に出席しているのですが、そこで出会う特に年の近い人との交流が力になっていると思います。それまでは親と子、もしくは祖父・祖母と孫ぐらいの年齢が離れた支援者たちが多かったので、同年代もしくは少し上の支援者または当事者たちと接するのはとても新鮮でした。学生時代は、同年代との交流はあっても少し年の上の人（いわゆる先輩）との交流はほとんどなかったので、こういうものなのかなと実感しています。その会の活動で、ひきこもりの当事者たちのための「支援機関マップ作成プロジェクト」をしているのですが、それを口実に飲みに行ったりさまざまな場所に行ったりしています。大学のサークル活動とはこういうものなのかなとも思っています。こうした一見すると些細な経験が、本人にとってはとても大きく、ひきこもりからの回復のきっかけになるのだと思います。

まとめとこれから

こうしたひきこもりの経験の中で、私自身はとても運が良かった、さまざまな面で恵まれていたと思います。例えば、親・兄弟との関係です。不登校・ひきこもりの遠因の多くが、親・兄弟との関係とよく言われます。私自身の場合、親・兄弟とは少なくとも不仲ではないと思います。ここまで書いてきたように、私の文章の中で「親」として出てきたのはほとんど父親です。どちらかといえば父親は心配性で、母親は楽観的といういいバランスがとれていて、心配はしてくれるが余計なプレッシャーもなかったです。今のNPO法人を手伝うようになったときも、具体的に「○○やってくれない？」と言われたのがありがたかったです。自分で何をやればいいのかわかっていないので、「ガンバレ」とか「仕事をみつけなさい」とか抽象的に言われるととても困ってしまいます。しかも、本人が一番このままではいけないとわかっているので、ますます焦ってしまうと思います。「○○やってみない？」、「○○ちょっと手伝ってくれない？」のような、YESかNOで答えられるぐらいの具体的な選択肢を示してくれたのが私にはよかったです。また、ひきこもり当事者が高齢化する中で、早期にサポートを受けられたことも運が良かったと思います。

そして、これからのことについてですが、正直に言うと、今後もこのひきこもり支援を続けるかはわかりません。まだまだ、生活も安定せず1年後どうなっているかもわかりません（こういうと、みなさんもそうだと思いますが）。現在も、ひきこもり当事者であるとは思いますが、自分としては「（社会というものに慣れる）リハビリ」に近いと思います。治療の一環としてのリハビリが必要であるように、私の人生においてもこの「リハビリ期」は必要なのだと思っています。ひきこもりの経験の中で思うのは、当たり前のことだと思いますが、やはり人との交流というのが人生において重要なのだと思います。社会は甘くないかもしれないが、人はそこまで厳しくない。

第2部　さまざまな支援ネットワークの取り組み

第7章　ひきこもり経験者から見る、ひきこもり支援

鴻原崇之

はじめに

私は、ひきこもる人たちが再び社会とつながるための支援をする「共同作業所エルシティオ」で働いています。そう言う私自身も中学3年生で学校へ行けなくなり、その後、20代半ばまで家から出られない状態でした。当時の私は、あたりまえの日々から自分だけが脱落して、周囲からどんどん置いていかれているという思いでした。自分を責め、自分のおかれている状況とその先にある将来に不安や恐ろしさを感じていました。それから20年以上、昔は何ともし難かった自身の抱える〝ひきこもり〟という問題も、今ではライフワークとなっています。

現在の仕事に就くようになったのは、自らの登校拒否・ひきこもりの経験を少しでも活かしたいという思いと、私自身多くの人たちに支えられることで再び歩き出し、現在の自分へとつながることができたという事実があるからです。

エルシティォの成り立ち

私が現在仕事をしているエルシティォは、２００２年に和歌山市で開所しました。開所以来、〝相談〟〝訪問〟〝家族会〟〝居場所〟を中心に、「一人や家族だけで悩む人たちをなくしたい」「社会へつながるかけ橋になりたい」という思いで活動してきました。

エルシティォの前身には、私や母を支えてくれた「和歌山県教育相談センター」（１９８８年〜２００１年）での教育相談活動があります。開所当初の教育相談センターは、教職員の学級運営上の問題に対する相談機関でしたが、活動をしていく中で主な相談内容が「登校拒否・不登校」の問題、さらには学齢期を過ぎどこにも所属する場のない「ひきこもり」の問題が明らかになり、相談者の多くは登校拒否やひきこもりの子を持つ〝親〟だったのです。

その教育相談センターが開かれたのと同じ時期から、相談員の働きかけにより、「プラットホーム」（和歌山大学の学生による不登校児支援のサークル活動）や「中学生サークル」など、〝学齢期にありながら学校へ通えない子どもたち〟の居場所が始まりつつありました。しかし、〝学齢期を過ぎた青年たち〟の居場所はまだ無く、相談活動の中でもその必要性が問われていました。

ひきこもりの真っただ中にあった当時の私も、相談員の訪問支援を受けながら、少しずつ気持ちが外へと向いていたのですが、出掛けたくても行き場所がないという状況でした。私だけでなく、相談員が関わる中には同じような思いを持った青年が多くいたようで、そんな青年たちが集える場を作ろうという思いから開かれたのが「青年サークル」（フリースペースinわかやま、1998年〜）です。

エルシティオはそういった活動の上に、和歌山での障害者運動を長年続けてきた方たちの知恵や協力を借り、ひきこもる青年やその家族たちの願いに応える形で開所しました。2003年NPO法人を取得、2004年には和歌山県の単独事業〝「ひきこもり」者社会参加支援センター〟に指定されて運営してきました。そのエルシティオも今年（2016年）で開所15年目になります。開所当初は性格上教育の分野からのスタートでしたが、長年の活動の中で〝ひきこもり〟が教育の分野だけに収めては対応しきれない、重複した要因を持つ問題であることがわかっていきました。

近頃、エルシティオ理事長の金城清弘（元教育相談センター相談員）は「必要に迫られてのこととはいえ、大変なものを作ってしまった」と口にしています。自分のひきこもり経験を活かしたいという思いで「何か手伝わせてください」と参加させてもらった私も、自分の経験に収まるどころではない幅広く複雑な問題であることを思い知らされています。しかし、活動の根本である「一人や家族だけで悩む人たちをなくしたい」「社会へつながるかけ橋になりたい」という思いに変わりはありません。視野を広げ成長しながらも、大切な部分は振れ動かされることなく続けていくことが肝心だと考えています。

登校拒否、ひきこもりになることとは

不安と淋しさ

私自身経験のあることですが、登校拒否やひきこもり状態にある人に対して「甘えている」「怠けている」と言われることがあります。状態だけを見ているとそう見えてしまうのかもしれませんが、甘えや怠けで選択できるほど楽なことではありません。

「しんどいのはみんな同じ。がんばらないと」「努力や根性が足らない」と指摘されることもありますが、本人のがんばり一つで解決できるほど単純な問題ではありません。そもそも甘えたり怠けたりできる人は登校拒否やひきこもりにはならないでしょう。多くは甘えられない、適当に怠けられない、そうすることを自分に許せないがんばりすぎる人なのだと思います。

それまでがんばり続けてきた人にとって、学校へ行けなくなること、ひきこもってしまうということは耐え難い事態です。そういった事態に陥った自分を責めてしまったり、それまでがんばってきた自分を全否定してしまうような状況です。それでも登校拒否・ひきこもりになってしまうのは、いろんな思いやしんどさを抱えながら限界まで力を出し尽くし、もうこれ以上がんばってしまうと自分が壊れてしまうという状況に追い込まれてのことです。

学校へ行くことも働くこともあたりまえで、どう無駄なくスムーズに進んでいくかを求められている世の中の流れを感じます。立ち止まる余地はありません。登校拒否やひきこもりになるということは、〝あたりまえ〟と教えられ、そう信じて走り続けてきた道から外れてしまうのですから、周囲から置いていかれてしまうようで大きな不安を感じます。日頃行動していた場所にも行けなくなったり、友だちなどつながりのあった人たちとの関係も崩れてしまったり、すごく淋しいことなのです。

自分を認められない、誰もわかってくれない、助けを求めることもできない、この先どうしていいのかわからない、孤独な状態です。

生きづらさ

家に居ながらであっても、本を読んだり、ゲームやインターネットをしたり、絵を描いたり、好きなこともできます。しかし、好きなことをしている様子でも、実は心底楽しめていないという話をよく聞きます。私もまさにそうでした。何かを楽しんでいても、ふとした時に「やるべきこともせずに、自分はいったい何をしているのだろう」という自己嫌悪に陥ります。絶えず〝こうあらねばならない〟という自分に引き戻されてしまいます。周囲から動くことを促されることもあるでしょう。〝動く〟とは再び元の場に戻るという発想なので、〝社会〟を意識しないわけにはいきません。

社会を意識した瞬間、何か重たいものがのし掛かかってきます。何とも言えない不安です。

私がひきこもっていた当時、不安の原因は自分の自信の無さ（自分の問題）であり、自分ががんばりさえすれば払拭できるものだと思っていましたが、今考えると、社会の側の問題により生じる〝生きづらさ〟からくるものだったと思います。現在の社会が他の時代より生きづらい社会であるかどうかは単純に比較できませんが、ひきこもる人たちがその予備軍も含めて70万人以上と予想されていることや、自ら命を絶ってしまう人が年間3万人近くいる事実（日本の若者の死因第1位）からも、生きづらさを感じている人々が多いことは間違いありません。

生きづらさは、主に競争社会であることが大きく影響していると言われています。どれだけの人が〝競争〟を意識しているのかはわかりませんが、幼い頃から単線（一本道）で競争を誘うような価値観を教えられ、無意識に身についているように思います。競争の中で立場を確立するには勝ち続けなければならず、勝つには絶えずより上を目指さなければなりません。より早く、より効率的であることを求められ、それに付いていけない人は排除されてしまう仕組みです。

「成功は失敗の積み重ね」とよく言われますが、競争社会では失敗を寛容に見守ってくれる余裕は感じられません。失敗して遅れをとり、負けというレッテルを貼られるのを恐れ、必死で周囲の流れに付いていこうとします。さしずめ、私の知っている流れと言えば、「いい成績を取って進学校に入り、偏差値の高い大学を卒業して、新卒で就職する」という一本道でした。「せめて高校は卒業しないと」「いい大学でないといい就職はできない」と、誰に言われるでもなく聞かされ、特に疑問を持つこともなく信じていましたが、その流れを見失ってしまった途端、立ちすくむことしかできませんでした。他の道を考えたこともなかったからです。

「来年就職できそうにない。新卒でないと採用されないから、もう一年大学に行く」と一人の学生が不安そうに言っていました。どこまでその考えが正しいのかはわかりませんが、彼もまたそう教えられ、それに沿うためにがんばってきたのだろうなと感じました。競争社会といっても誰もが〝頂上〟を目指しているわけではなく、多くの人が求めているのは、「安心して毎日を過ごしていきたい」「幸せな家庭を築きたい」といったささやかなものだと思います。その〝ささやかなもの〟を得る機会すら平等に与えられない間口の狭い社会には、不安を感じずにいられません。

ある青年が「がんばり続けないと勝ち残れないが、がんばり続けたからといって報われるとは限らない。人生はイス取りゲームみたいなものだ」と言っていたことを思い出します。競争のすべてを否定はしきれませんが、人が生きていく社会そのものが競争であっては息が詰まります。実際そこに馴染めない人で溢れています。少しでも遅れをとると不安になり、不安の中で更にがんばると心が擦り減っていきます。そして、ギリギリまで自身が追い詰められて倒れてしまいます。そのひとつの現われが〝登校拒否〟や〝ひきこもり〟です。

一見うまくやっているように見える人でも、本当のところはそうではないのかもしれません。ギリギリの状態でがんばり続けている人も多いように感じます。

エルシティオでの活動

親のしんどさに寄り添う

エルシティオでの支援の多くは相談から始まります。初めは親だけで相談に来られることがほとんどで、その多くはお母さんです。「我が子に何がおこっているのか」「子どもに聞いても答えが返ってこない」「親として何ができるのか」「誰を頼っていいのか」など、わからないことだらけで焦りや不安を抱えながら、それでも勇気を振り絞って相談に来られるのだと思います。お父さんやお母さんの話を聞かせていただくと、「子どもが突然、学校に行かないと言い出した」「最近家での会話がなくなった」「何年も家から出られていない」「家で暴れている」「親を責める」など、子どもの状態を話してくれます。

そして、次に出てくるのは「この状態をどうすればいいのか」という言葉です。子どもが大変な状態にあって、それを何とかしてあげたい、何ができるのかアドバイスが欲しいということです。親の必死さが伝わってきますので何か答えがあるといいのですが、残念ながら、お父さんやお母さんに納得してもらえるような答えは持っていません。

私たちにできるのは〝親のしんどさを受け止める〟ことだと思います。親の話には、子どもの状態のことや、その状態を何とかしてあげたいという思いは出てきますが、なかなか親自身の気持ちが出てきません。子どものことで必死なあまり気付かれていないのかもしれませんが、お父さんやお母さんもしんどさをたくさん溜め込んでいるはずです。不安や子どもに対する心配だけでなく、不満や腹立たしさもあるはずです。それら親の気持ちを吐き出してもらい、それを受け止めることです。

親のしんどさは並大抵でないと思います。自分自身のことならいざ知らず、子どもとはいえ自分とは別個の存在です。理解したくても、何とかしてあげたくても思うようにはできません。そのジレンマは相当大きなしんどさを抱えていることだと思います。誰かに話すことは勇気のいることですし、「しんどい」と言葉にすることは慣れていないかもしれません。「聞いてもらえないかもしれない、正論で言い返されるかもしれない、否定されるかもしれない」という思いが巡ります。しかし、自分の気持ちを口にできる、それを受け止めてもらう環境があるというのは大切なことです。ですから、ただ〝聞く〟といってもいい加減な姿勢ではできません。

「否定せずに聞いてくれる人がいる」ということ、そして、そのことによって「家族だけで抱えなくてもいい」と思ってもらえ、不安を少しでも安心に変えてもらえればという思いで話を聞かせてもらいます。親の安心は、必ず子どもの安心につながるはずです。

子どもの一番の味方に

登校拒否でもひきこもりでも、子どもはしんどいとき一番必要なのは安心のある環境です。子どもの安心のためには〝親の理解〟が必要だと私はよく口にしてきましたが、なかなか〝理解〟ということは難しいものだと考えが改まってきました。

「何が原因だったのか、感じていること、考えていること、今の思い、どうしたいのか」などは、本人でもよくわからないことです。それを理解するということは難しい話です。親はなんとかしてあげたい、そのためにももっと知りたいという思いから、必死でそれを子どもにたずねますが答えは返ってきません。それは答えようがないからです。「最近口数が減りました」「親を避けるようになりました」「会話が成り立ちません」と聞きますが、子どもは答えられないことを聞かれるのが辛いからであり、それが答えなのです。追及されると口を閉ざし、顔を合わさないように避けるしかなくなってしまい、親も「あの子が何を考えているのかわからない」と益々途方にくれてしまいます。

子どもを理解するのは難しい、では何ができるのかということですが、それはやはり〝受け止めてあげる〟ことかと思います。わからないなりにも、問い詰めたり否定したりすることなく受け止めてくれているということは、子どもにとってもすごく安心なことです。答えられない自分、しんどくて何もできていない状態の自分でも認めてくれている親がいるということほど安心なことはありません。安心があると、子どもも自分から親に接しやすくなりますし会話も成り立ちます。そうであるなら、言葉の端々から感じていることや思いなど本心が出てくるかもしれません。

もう一つ大事なのは、〝子どもを変えようとしたり動かそうとしたりしない〟ということです。しんどい状況を〝なんとかしたい子ども〟と〝なんとかしてあげたい親〟、一見目的は同じのようであっても、思いにすれ違いがあることは少なくありません。学校へ行けない、働けない、思うように動けないという状態は望んでなっているわけではなく、本人にとって辛いことです。自分の状態に納得いきません。それでもそういう在り方しかできないのは、今はそれが精一杯だからです。

家（家族）は、本人が動いていくための本拠地です。外に出ると、疲れること、悔しいこと、辛いことなどたくさんありますからエネルギーを消耗します。でも、本拠地である家が安心できる場所なら、消耗したエネルギーを補給することができ、また次へつなげていくことが可能です。そのためにもお父さんとお母さんには子どもの一番の味方であってほしいと思います。

居場所に求めるもの　～〝人〟の中での気づき～

エルシティオの活動の〝軸〟になるものは〝居場所〟だと思っています。ひきこもる人にとって家が〝本拠地〟なら、居場所は社会につながるための〝中継基地〟みたいなものです。社会に一歩出ようとしても、それがいきなり学校や仕事（職場）という発想だと、途方もなく遠い所に感じてしまいます。しかし、間に中継基地があったなら、少しは楽に捉えられるのではないかと思います。

居場所にはいろいろな人が来ます。年齢も様々で、抱えている問題も育ち方や家庭の事情も違います。年齢や事情が違えば流れている時間の感覚も違います。共通しているのは、生きづらさを感じながらがんばりつづけ、疲れて立ち止まり、再び動き出すために家から一歩踏み出し始めたということです。いろいろな人たちが来るわけですから、居場所の在り方を一定に固めることはできません。来てくれる人も明確な目的意識を持てているとは限りませんし、そもそも〝支援〟を求めて来ているのかというと、必ずしもそうではないと思います。

では、ひきこもる人たちが何を求めて居場所に来ているのかというと、それは〝人〟だと思います。ひきこもるということは、それまで行動していた場所も人とのつながりも失ってしまうので、淋しく孤独な状態です。また、人と交わる機会からも遠ざかっているので、人に対する恐れもあります。そのような状態から何とか一歩抜け出したいと思ったとき、求めるのは〝人〟であり、人との交流なのだと思います。私はひきこもりだった頃、誰かに助けを求めることができませんでした。自分に自信がないため、かえって「人に助けられる存在だと思われたくない」と変なプライドを持っていました。手を差し伸べてくれる人はいましたが、自分から手を取ることができなかったのです。しかし、同じような悩みを持つ人たちが集う場には行くことができました。私も支援ではなく人を求めていたのだと思います。

私が居場所（青年サークル）に通っていたとき、そこで何をしていたかと言えば、ゲームをしたり、しゃべったり、カラオケやボウリングに行ったり、時に旅行を企画して出掛けたり何も特別なことではありません。しかし、当時の私にとっては、それまで望みながらもできなかった憧れの時間でした。あるサークルの仲間が「ぼくは今初めて青春をしている」と話してくれました。口には出せませんでしたが、私も同じ気持ちでした。もちろん楽しいことばかりではなく、トラブルや悔しいこと、辛いことなど〝しんどさ〟もありましたが、それらを味わい乗り越えることも含めて貴重な経験だったのです。

エルシティオでも青年たちにそういった経験を大事にしてもらいたいと思います。楽しい経験も、辛い経験（挫折経験ではなく乗り越える経験）も、人の中でしか得られないものです。それは、与えられたものではなく自分が求めて得られるものなのだと思います。だからエルシティオという居場所は、在り方を定めた場ではなく、支援者が前に出る場でもなく、その時その時そこに居る仲間（メンバーもスタッフも）が一緒になって作っていく場でありたいと思います。一人ひとりに課題はありますが、一人だけでは課題は見えてきません。人の中で揉まれながら、あらためて自分と向き合うことでわかってくるものです。課題が見つかり、それを乗り越えようと思えたとき、はじめて自分から〝支援〟を手に取ることができるのだと思います。

必要とされる喜び　～ありがとうの言葉～

「ひきこもり」者社会参加支援センターの事業に「社会体験」（仕事の体験）というものがあります。親の会に関わる人や、地域のひきこもり支援者からの紹介で受け入れ先を探し、主に農作業や清掃作業などに行かせていただいています。初めは「農作業に行くと言っても、みんなきっと行かないだろうな」と予想していました。昔、畑をしたことがあったのですが、みんなあまり関心がなく、何人かの親が草抜きや水やりをしてくれるなど面倒を見てくれることで何とか作物が育っている状態だったからです。しかし、いざ参加者を募ってみると「行ってみようかな」という声がありました。

農作業は、主に和歌山のかつらぎ町という地域まで行きます。かつらぎ町は果物の町で、これまでに収穫の手伝いなどをさせていただきました。みんなの作業をする様子はさまざまです。汗を流しながら一生懸命に働く姿があり、日頃の居場所とは少し違った様子を見せてくれます。休憩も惜しみがむしゃらに作業をするメンバーがいれば、のんびりマイペースで動くメンバーもいます。スタッフももちろん農作業などしたことがないので、一緒になって習いながら作業をします。

働いたあと、メンバーからは「身体を動かす仕事は気持ちがいい」「働いたという達成感を感じる」といった言葉を聞きます。同時に「農作業のうちの収穫という〝良いとこ取り〟をさせてもらっているだけで、本当の大変さはこんなもんじゃない」という声や「農作業なら対人関係の無い仕事だからできると考えていたけど、ずっと大変だった。自分には無理だとわかった」という声もあります。メンバーの言うとおり〝良いとこ取り〟をさせてもらったり、事業主さんには自分たちのペースに合わせて仕事をしてもらっているので、こんな感じで行かせてもらってもいいのだろうか、仕事の邪魔になっていないかという不安がありました。

でも、仕事終わりにいつも言ってもらえるのは「今日はありがとうやで、ほんま助かったわ」という言葉です。この「ありがとう」がすごく嬉しいのです。人と交わることが少ないと、言われる機会のない言葉です。「お礼を言われる程のことはできていない」と口では言いながらも、表情では嬉しそうです。何てことのない「ありがとう」という言葉ですが、みんなそれを大事に受け止めているのだと思います。初めは行かせてもらう以上しっかり働き、お役に立たなければいけないという思いがありましたが、メンバーそれぞれの姿を見ていると、そういったことではないのだと感じます。一人前ではありませんが〝仕事〟は案外できています。ですので〝技能を身につける〟〝できる人になる〟ということではなく、人の中で体を動かすことで、もっと根本的に大事なものを獲得してくれているように思います。

〝ひきこもり〟について、いま思うこと

様々な〝あたりまえ〟を認め合える社会を

私もそうでしたが、みんな、登校拒否やひきこもりという経験を経て、はじめてそれまでの〝あたりまえ〟に疑問を持つことができています。その疑問を持つまでには苦しい道のりを歩んでいます。葛藤や自己否定の道のりです。エルシティオでは、「ひきこもってよかった」と胸を張って言う人はいません。でも、「ひきこもることで得られたものは確かにある」と話してくれます。私も気持ちは同じです。ひきこもらずに進んでいた自分の姿は想像できませんし、やり直したいとも思いません。大変でしたが大事な時間でしたし、今の自分は愛しい存在です。

しかし、そこまで追い詰められないと疑問を持つことができなかったのか、ひきこもってまでしないと獲得できなかったのかという悔しさがあります。現在の社会が競争を強いられる仕組みになっていて、生きづらさが生じていることは先に述べました。子どもの頃から絶えず競争をしていて、しかもものすごいスピードで過ぎ去っていきます。遅れてしまったらなかなか追いつけませんし、はみ出してしまったら元へ戻るのは大変なことです。戻られずに苦しみ続けている人もいます。

現在の人たちは、「自分らしく…」と言いながら、一生懸命自分ではない何者かになろうとしているように見えます。その〝何者か〟というのは、〝なりたい〟のではなく、〝ならねばならない〟もののようで、自分が自分であっていいということとはかけ離れています。それも社会の仕組みの影響が強く表れてのことだと思います。

今の時代は、すごく狭い〝あたりまえ〟に全ての人を詰め込もうとしながら、入りきらなかった人を取りこぼしてしまい、拾うこともできていない状態です。人々は取りこぼされてしまわないように、〝あたりまえ〟の〝何者か〟になるためにがんばっています。それでも、あまりにも間口と容量が狭いため、どうしても入りきりません。しかもスピード勝負ですので付いていけなくなる人もいます。そうなった人たちは、自分を責めるしかない仕組みです。

しかし今は、付いていけない人、取りこぼされてしまった人たちが疑問を持ち、考え、苦しさを乗り越えて立ち上がりつつある時代でもあります。しかもそんな人たちが決して少数ではなく、お互いに支え合いながら立ち上がる人たちもいますし、それを支えようと立ち上がる人もいます。

これは、現在の社会の仕組みに限界があることを表しています。その限界を認め、誰もが少しずつでもお互いの在り方を見ることができれば、「本当に自分が自分であっていい」という生き方ができる社会に近づけられるはずです。それは、〝あたりまえ〟の大小を問うのではなく、〝様々なあたりまえ〟（いろんな生き方）があり、それを認め合い、教え合える社会だと思います。簡単ではないかもしれませんが、意識を絶やさず小さくても行動をつなげていければ、いつか登校拒否、ひきこもりに悩む人たちもいなくなると信じています。

（この文章を書かせていただいた後、２０１６年2月末日をもってエルシティオを退職しました。今後もこれまでの経験を大切にしながら、自分に出来る範囲で、ひきこもり等にかかわる活動ができればと考えています。ありがとうございます。）

第8章　「フレンドシップなでしこ」での実践を通して考えたこと

竹内冬彦

はじめに

私は2014年5月から翌年3月末まで、特定非営利活動法人なでしこの会（以下「なでしこの会」）が運営する常設の居場所付き相談支援センター「フレンドシップなでしこ」で相談員として働いていました。常設の居場所の付いた相談支援センターを持つことはなでしこの会の長年の願いであり、「フレンドシップなでしこ」は2011年の開設以来多くのひきこもり当事者や家族の拠り所となっていました。しかし、財政的事情から2014年度末をもって大幅に規模を縮小することとなり、非常勤のピア・サポーターを残して全有給職員がやむなく会を離れました。

そのため、私がひきこもり支援に関わっていたのはわずか10ヶ月間ほどのことです。本来であれば、私はひきこもり支援について何事かを語ることのできる立場にはないのですが、「フレンドシップなでしこ」がその本来の姿で存在した最後の年度に居合わせたご縁と、この4年間の「フレンドシップなでしこ」の実践の到達点と課題を言葉にして残しておくことで未来のひきこもり支援に何か資するところがあればいいという僅かな責任感によって、僭越ながら筆を執ることにしました。

後で述べることにも関わるため、私自身のことを簡単に書いておきます。

まず、職業的な背景についてですが、私は精神保健福祉士として、精神科病院に併設の、主に精神障害者を対象とした居場所付きの相談支援センターで働いてきました。本人や家族からの相談を受け、居場所やプログラムを提供したり、就労支援、一人暮らし支援、訪問による生活支援、障害福祉サービスの利用コーディネートなどをしたりしてきました。

次に、私個人のことを述べますと、私自身も家族との心理的葛藤を抱えて生きてきました。高校生になると受験や家庭生活でのストレスから体調を崩すようになり、大学に入ったもののアパートから出ないようになって休学も経験しました（2000年代初頭のことです）。そのころからひきこもりについてはなかば我がこととして関心を持ち始め、斎藤環さんの本を読み漁ったり、映画『home』の監督来場試写会に出かけたりしていたものです。

精神科ソーシャルワーカーとして働き出して以後は、ひきこもりにまったく関係がなかったわけではないものの、統合失調症やアルコール依存症といった精神疾患を抱えた方々の地域生活支援を中心に従事していましたので、なでしこの会で働くようになったときは、何かの巡り合わせを感じました。

なでしこの会の特徴と「フレンドシップなでしこ」開設の経緯

「なでしこの会」は愛知・岐阜・三重の東海3県をカバーするひきこもりの家族会で、2001

年に特定非営利活動法人格を取得しました。全国引きこもりＫＨＪ親の会（注）の東海支部でもあります。現在の会員数は１３０家族を超えています。発足以来、居場所会や勉強会、訪問サポート士研修会など、当事者家族の必要とする活動を続けてきました。

なでしこの会の特徴の一つは、「長期・高齢化」です。やや古いデータですが、２０１３年6月の会員実態調査によると、会員（親）の平均年齢は64歳、その子であるひきこもり本人の平均年齢は33歳、平均ひきこもり期間は12年となっています。これにともない、ひとり親世帯が約20％、年金世帯が60％に上るなど、社会的孤立・経済的困窮といった危機が間近に迫っていることも会の共通認識です。

また､他の相談機関の利用歴が多いのもなでしこの会会員の特徴です。上述の実態調査によると、会員の34％が、会にたどり着く前に四～六ケ所の支援機関に相談に行った（そして継続的な支援に結びつかなかった）ことがあります。

精神科医療機関、保健所、民間支援団体、警察、カウンセラーなど、さまざまな相談先に助けを求めながらも、継続的な支援を受けるに至らず、長期･高齢化しながら最後に家族会にたどり着く、という家族が少なくないのがなでしこの会会員の現状です。実態調査でも､圧倒的多数の会員が｢他機関へつなぐ等の短期的支援｣ではなく｢課題解決に向けて何年かかっても取り組む長期的な支援｣を望んでいることがわかりました。既存の相談窓口ではそれがなかなか叶わないことから、ひきこもり支援専門の常設居場所付き相談支援センターを家族会がみずからの手で運営するという機運が高まっていきました。

会では2011年度より愛知県の「NPO等が行う生活困窮者等支援事業」の補助を受け、名古屋市内の熱田神宮ほど近くのテナントビルに大小2部屋を借り、専従常勤の社会福祉専門職を雇用し、念願の「フレンドシップなでしこ」を開設しました。

同事業による補助は、愛知県内に二ケ所ある行政運営のひきこもり地域支援センターに匹敵する規模で、支援の質についての議論を措けば、「フレンドシップなでしこ」は県内三ケ所目のセンターと言っても過言ではなかったと思います。人員体制は、おおむね4年間を通じ、常勤の福祉士資格者2名、非常勤のピア・サポーター等1~2名を維持しました。居場所機能を常設していたという点も他の2センターにはない特徴でした。それを、家族会みずからが運営できていたのです。

しかし、生活困窮者自立支援法の施行を機に愛知県の補助事業は終了し、「フレンドシップなでしこ」はテナントの一部撤退と専門職の解雇を余儀なくされました。現在は場所を移転し、非常勤のピア・サポーターと親の会のボランティアによって運営されています。

「フレンドシップなでしこ」による支援

「フレンドシップなでしこ」の機能は、大きく分けて「相談支援」と「居場所」の二つでした。

このふたつの機能を併せ持つ「センター」は、私の働いていた精神保健や障害福祉の世界では馴染み深いものですが、ひきこもり支援の領域においてはまだまだ珍しいもののようでした。

居場所は日曜と月曜を除く毎日、午前10時から午後6時まで開かれました。好きなときに来て自由に過ごしていただくほか、パソコン教室や「語り場」と呼ばれるグループワーク、季節行事等のプログラムを行いました。制度的な制約の小さい中で、ひきこもり本人、家族、ピア・サポーター、専門職員が和気あいあいと場を作り上げていきました。

相談支援では、本人に会えないケースがほとんどであるため、福祉士有資格者による定期的な家族面接を中心に、可能であれば本人へのアプローチをハガキや訪問によって行いました。その過程で本人と個別支援関係がとれれば、居場所へ誘ったり、個別面接や同行支援、医療機関や福祉施設の利用のコーディネート等を行ったりしました。

相談支援の対象は、なでしこの会に入会済みで個別支援を希望する家族や本人のほか、ひきこもり地域支援センター等の相談機関からの紹介で新たに会へつながった家族です。最初の3年間は社会福祉士有資格者が、最後の1年間は精神保健福祉士である私が主に相談支援にあたったため、おおむね日本において私たち福祉士が教育を受けた「ソーシャルワーク」の手順に従った支援を行っていました。

「フレンドシップなでしこ」の相談支援では、数度の家族面接を経ての見立ての結果、一定の条件を満たせば、ハガキを送付したり自宅訪問したりして本人への接触を試みることとしていました。このあたりの手法は竹中（２０１０）のメソッドに準拠しています。しかし多くの場合、そこまで至らず、家族面接を継続してその思いを傾聴、共感、受容、支持しつつ、心理教育や助言といった間接的支援を行うにとどまることになりました。家族のピアサポートや心理教育の資源としては、なでしこの会が以前から行ってきた「親のグループワーク」や、２０１４年度から開始した「親の勉強会」が大きな役割を果たしてくれました。

「フレンドシップなでしこ」の支援実績と効果

２０１１年4月から２０１５年3月までの4年間の利用・支援実績を見ると、居場所利用者は延べ6、０００人以上で、その6割ほどがひきこもっていた本人です。居場所利用者には、初回から自発的に来所された本人と、相談支援の結果来所可能になった本人とがいます。前者の方が多いです。相談支援では、来所面接が延べ８２３件（本人93件、家族７３０件）、訪問は２１８件、同行支援は48件でした。

相談支援では4年間で１８６ケースを受理し、２０１４年度上半期末時点で49ケースに対し支援を継続中でした。そのうち41ケースが本人に会える以前の段階で、家族支援や、家族面接を通じての間接的支援を行っていました。49ケースの概況を見ると、本人の平均年齢は32・6歳（18～47歳）、平均ひきこもり期間は８・95年（１～27年）、ひきこもりの平均開始年齢は23・３歳（８～40歳）、なでしこの会での平均支援期間は１年９ヶ月（２ヶ月～６年３ヶ月）でした。

居場所や相談支援ともその効果を測定するのは難しく、私にはそのための知識もないのですが、在職中、試みに以下のような数字を出してみたことがあります。

相談支援について、２０１１年度から２０１４年度上半期末までの間に、家族面接のみから始めて本人へハガキ等を送付するようになったケースは、１８６ケースのうち29ケース（16％）ありました。同様に、自宅訪問をするようになったのは36ケース（19％）、居場所利用にまで至ったのは28ケース（15％）でした。

ひきこもり支援の「成果」としてわかりやすかったり、家族や社会から求められたりするのは「本人と支援者が会えるようになった」とか、「本人が居場所等へ出られるようになった」とかいうことだったりするのですが、その点ではめざましい「成果」をあげられたとは言えないかもしれません。また、後述しますが、本人不在で始められることの多いひきこもり「支援」においても、それらが本人にとって成果と言えるのか、本人が望んだことなのかといった視点が重要だと個人的には考えています。

「わかりやすい成果」以外についても、試みに竹中の「ひきこもり支援における『効果・成果』の私家版『評定尺度（試案）』」を用いて測定してみました（この評定尺度は、本書第３部２の後に「別紙資料」として添付されています）。これは、本人や家族、あるいはそれらの関係性について、より細やかな変化の有無を評価し10の評定段階に整理しようというものです。これを用い、２０１４年度上半期末時点で支援継続中だった49ケースについて、各ケースの相談支援開始前の状態と同期末の状態とを評価し比較したところ、支援開始前は評定２「家族と限定的接点」の状態が24ケースと最も多く、全ケースの評定の平均は２・３でした。しかし、同期末時点では、評定３「探索期・準備期」が23ケースで最も多く、評定の平均も３・２に上がっていました。また、支援を経て評定が１段階以上向上したケースが23（56％）ありました。家族面接を継続することで、半数以上のケースにゆるやかな肯定的変化が見られたということが言えそうです。

また、２０１４年度中に一度でも居場所利用のあった本人41名について、各々の初回来所時と２０１４年上半期末の利用形態を比較してみました。各々の初回来所時を振り返ると、特定のプログラムに短時間参加するのみだった者が18名、居場所に滞在できるもののフレンドシップなでしこ以外に昼間の行き場所がない者が19名、就労など次のステップとの併用者が４名でした。これが２０１４年度上半期末になると、短時間利用者は12名、滞在するものの他に行き場のない利用者が12名で、次のステップへ進んでいる者が17名と大幅に増えていました。安心や安全が保障された空間で他者とゆるやかに接しながら思い思いに時を過ごすうち自信や次へのエネルギーがわいてくる、というのが「居場所」という資源の効果ですが、上記の数字は「フレンドシップなでしこ」がその力を持っていたことを表していると思います。

課題

なでしこの会の「フレンドシップなでしこ」は、家族会が運営することによって、「たらい回しにされたくない」「長期的に関わってほしい」といった家族の願いに可能な限り寄り添うことのできた相談支援センターとして特徴的でした。上述のように、一定のケースに一定の進展・変化が見られたほか、居場所利用者の約４割が次のステップへ進みました。

４年間のこの試行的実践はまた、今後へ向けて多くの課題を抽出することになったと思います。ここでは、ひきこもりの相談援助にあたる職員に必要な専門性、支援手法の標準化、支援のゴールの多様化、支援体制づくりについて述べておきたいと思います。

ひきこもりの相談援助にあたる職員に必要な専門性

まず、ひきこもりの相談援助にあたる職員に必要な専門性についてですが、これは言い換えると、在職中に私自身が必要としていた（不足していた）力ということになります。ひきこもりは社会的、経済的、精神医学的、心理学的、福祉的な要素が複合した現象・課題であり、支援にあたる場合も社会学的、精神医学的、心理学的、福祉的な知識と経験が必要になります。特に支援初期においては、医学的な対応がまず必要な状態なのか、それとも心理学的なアプローチが効果的なのか、障害に配慮した対応やサービスコーディネートができれば展開が開けるのではないか、等の暫定的な見立てや判断が必要になります。また、その判断に応じて、適切な社会資源（制度や医療機関、専門の支援機関等）につなぐことが求められますし、それらについての知識やネットワーク力も必要になります。そもそも、本人と個別支援関係を取り結ぶためには、何よりも「社会自立を求める私たちの願いへの根源的な懐疑」に対峙できるだけの真摯さや教養、人生経験が要求されます。つまり、ひきこもり支援にあたる相談援助職に求められる専門性とは、総合性、統合性なのです。ソーシャルワークの世界で言うところのバイオ・サイコ・ソーシャル、それからスピリチュアルに関するある程度の専門性が統合された形で修められた支援者、それが私の考える、求められるひきこもり支援者像です。

前述のとおり、私には精神保健福祉士として、精神保健や障害福祉の領域で、居場所の運営や就労支援、暮らしの経験がありました。しかし、省みるに、私には、人間としての力の不足は言うまでもありませんが、特に心理学の知識と経験が不足していました。心理学でいう家族療法、システムズアプローチ、課題解決アプローチが非常に有効と思われるケースが多々ありましたが、付け焼き刃のことしかできず、悔しい思いをしました。応用行動分析やペアレントトレーニングが扱えたら、と思われる局面も少なからずありました。反対に、精神保健や障害福祉での経験や、個人的な体験、大学での専攻や趣味が活きて状況が打開されたことも多かったです。

ちなみに、私のイメージするひきこもり支援者像にいちばん近いのが「ソーシャルワーカー」です。とはいえ、それは日本の社会福祉士や精神保健福祉士ではなく、アメリカにおける臨床ソーシャルワーカーのような、大学院で養成され、精神医学や心理学にも精通したソーシャルワーカーのことです。そのような人材を日本で養成しようとするなら、もしかすると、地域や医療機関での一定の実務経験を経た精神保健福祉士が臨床心理士の資格を取って修行したり、あるいはその逆を行ったりするのがいちばん早いかもしれません。

支援手法について

自分の専門的な力不足のほかに、畑違いの私がひきこもり支援をしていて戸惑ったことがあります。それは、ひきこもり支援の領域それ自体の内部でも、支援のあり方について様々な議論がなされており、まだ標準化されるまでには至っていないと感じたからです。端的なのが訪問をめぐる諸説です。訪問に象徴的なアウトリーチ支援には、ひきこもり支援の世界の内部でも賛否両論あるようでした。

個人的には、訪問にはそれが功を奏する時期と、反対に状況を悪化させてしまう時期とがあるように感じました。また、いくら適切な時期であっても、訪問者のスキルによっては、しない方がよかったということになる危険性があると思います。だからといって訪問それ自体を否定するのは行き過ぎだとも思います。このような課題に対して、ひきこもり支援の世界では、相談援助面接の訓練や経験を蓄積する仕組みが十分でないように思われます。支援手法についてオープンで科学的な場で議論や検証がなされるとよいと思います。

ちなみに、在職中に個人的にいちばん助けられたのは、竹中哲夫（２０１０）のメソッドを除けば、厚生労働省が作成した「ひきこもりの評価・支援に関するガイドライン」という基礎テキストでした。第Ⅰ群〜第Ⅲ群という3分類と、準備段階〜社会との再会段階という4段階のどこに本人が該当するのかという（暫定的な）見立てを大事にするよう心がけました。また、それぞれの段階ごとに効果的なこと・逆効果なことを仮に整理し、介入するようにしました。例えば、細かい留保は多々ありますが、訪問は「社会との再会段階」には有効（必要）で、「開始段階」にはよほど上手にやらないと逆効果だと思われました。

いずれにせよ、支援手法については開かれた議論と科学的な検証が行われ、ある程度標準化されることが必要と感じます。

支援のゴールの多様化

そもそもひきこもり「支援」とは誰のため、何のためなのでしょうか。これは特に長期・年長化ケースにおいては根源的に考えられなければならないと思います。

多くの「支援」は家族（親）が希望して始まります。多くの親が望むのは、本人がひきこもり状態を脱して自活するようになることです。その際、本人が何を望んでいるのかは確認されないまま「支援」を進めようという力が働くことがあります（親が性急な訪問を希望するし、一部の「支援者」がそれに迎合するなど）。

しかし、家族がそれを「望む」のは、どうしてでしょうか。言い方を変えると、何が家族にそれを望ませているのでしょうか。本人を「ひきこもり」と呼んでいるのは誰なのでしょうか。それは、社会であり、政治であり、それを構築する私たち自身なのではないでしょうか。

すべてはケースバイケースなのですが、例えば本人が40代にさしかかり親が70代にさしかかろうかという長期・年長化ケースのうち、ご家族のお話から窺える本人像がそれなりに自宅での生活を成り立たせていながら長期の膠着を見せているようなとき、（前述の評定尺度で言うと５～７くらいの状態が数年続いている場合）、上記のようなやや哲学的な問いが、深い葛藤を経て家族の心理に大きな肯定的変化をもたらすことがあるように思います（専門用語でいうとナラティブの書き換えが起こるのです）。その結果、家族の望みと（我々にはいまだ聞かされぬ）本人の望みとが別個のものとして切り離され、さらにそのことによって家族システムに変化が生まれ、本人の行動にも肯定的変化が生まれる、といったことがあります。家族会でよく言われる「親が変われば子も変わる」という現象です。ただし、長期・年長化すればするほど親は根源的に（言動レベルでなく価値観レベルで）変わらざるを得ないのかもしれません。その際に、年長の家族はライフプランを作成してみるのもいいと思います。ライフプランといえば経済的側面にばかり目が行きがちですが、いま流行りの「終活」とか「エンディングノート」作りのようなものととらえるのがいいと思います。

いずれにせよ、対人援助には本人主体という大原則があるものの、ひきこもり支援では本人と直接話ができるようになるまでに多大な時間と労力がかかるため、本人ならざる者の意志や価値観によって動き始めてしまうことがあります。もしかすると「ひきこもり支援」そのものがそうかもしれません。その結果、それが本人にとって侵襲の再現と感じられ、ひきこもりを強化することになるかもしれません。

支援体制づくり

ひきこもり支援には現在、精神保健医療福祉、障害福祉、子ども・若者支援、生活困窮者支援、雇用、教育などの様々な分野が少しずつ関わっていますが、いずれもひきこもり専門の支援システムではありません。また、それぞれ所管する省庁や担当課が異なる中で、それぞれのシステムごとに支援協議会が作られ、ベン図のように一部重なりあいながら併存しているものの、まだまだ「縦割り」状態にあるといえます。専門性の話と重なるのですが、ひきこもりをそれそのものとして見立て、支援することが必要にも拘らず、各々の縦割り的な専門性に関する部分のみへの支援にとどまっているのが現状ではないでしょうか。既存の細分化された資源に適切につなぐためにも、やはり少なくとも一次相談にあたる専門家には、先に述べたような統合的ソーシャルワーク力が求められると感じられます。また、もう少し言うと、「ひきこもり」という「全体」ではなく精神症状や心理的葛藤、発達障害や経済的困窮といった「部分」のみしか見てもらえなかったという不全感や失望感が、家族会でよく言われる「たらい回し」感につながっているようにも思えます。

「フレンドシップなでしこ」は、ひきこもり支援専門の居場所付き相談支援センターがほしいという家族会の願いによって生まれました。そこには、もうどこにも「紹介」されたくない、そのためには自分たちの困り事の全体を理解してくれる終の相談機関を自分たちで作るしかないという思いがありました。しかし､家族会がそのような大きな社会資源を維持することは財政的に困難です。

このような現状で、ひきこもり支援に必要と思われる総合性を担保するためにはどうすればよいのでしょうか。私にも答えはありません。当たり前のことばかりになりますが、思いつくままアイデアを挙げるとすれば､個々の支援者が自分の専門だけでなく隣接領域を意識した研鑽を積むこと､日々の支援において他分野の資源を「紹介」せねばならないときも、相談者に心細さを与えないように親切で責任あるつなぎ方をすること､支援機関は可能なら多職種によるチーム支援を行うこと､それが難しければ各分野にある既存の協議会間で連携を図り（一部作業部会を共有するなど）、そこで現場担当者レベルでの事例検討やノウハウの交換を行うこと、でしょうか。

それから、喫緊の課題として挙げておきたいのが、自傷他害やセルフネグレクトの状態にあるひきこもりケースへの危機介入です。本人が自傷他害やセルフネグレクトの状態にある場合は保健所や精神科医療機関によるアウトリーチ的な介入が求められます。また、親が本人から身体的な被害を受けている場合などは、親の年齢によっては高齢者虐待防止法にもとづく対応が必要になります。しかし、ここには、ひきこもっている本人の状況を直接確認しづらいという難しさや、精神保健医療のアウトリーチ機能が十分とは言えない現状があります。身体的被害などを受けている親が高齢でない場合は、高齢者虐待の対応スキームが使えません（警察に通報せざるを得ないことが多いです）。ひきこもり支援において、このような危機ケースに対する介入の手法や体制についてもオープンで科学的な検討がなされればいいと思います。

おわりに

最後に、いま気になっていることを一つ書きます。ひきこもり支援者は往々にして、思春期的心性や精神疾患、発達障害や家族の葛藤の複合体としてひきこもりを理解しますが、そうではなくて例えばアトピーや、慢性疲労症候群などの難病による身体的なしんどさに起因するものもあるのではないでしょうか。一次的要因としての身体疾患についても目配りをし、家族や本人の同意があれば、医療機関を紹介するなどの対応をとることも、ひきこもり支援者の重要な役割になるのではないかと思います。

文献

竹中哲夫『ひきこもり支援論』明石書店、二〇一〇年

注　「ＮＰＯ法人　全国引きこもりＫＨＪ親の会（家族会連合会）」は、２０１５年12月1日より名称を「特定非営利活動法人　ＫＨＪ全国ひきこもり家族会連合会」と改めた。会では、引きこもりで苦しんでいる子どもの一日も早い回復や社会参加のため、様々な活動を行っている（ＫＨＪホームページを参照した）。

第9章　ただ「いる」こと、ただ「ある」こと

相馬契太

漂流教室のこれまで

なりゆきでスタート

元から不登校やひきこもりに興味があったわけではありません。そもそも、そんな言葉すら知りませんでした。27歳で仕事を辞め、教材会社でアルバイトをしていたときに、学校へ行っていない子どもと会ったのが最初です。自分が学校好きだったこともあり、ぜひ行くようにと何度も言いましたが、かたくなに首を縦に振りません。ならば、こっちの考え方に問題があるのではといろいろ調べるうち、フリースクールの存在を知りました。

その後、仕事を変え、自由な時間が増えたので、あるフリースクールでボランティアをすることにしました。ところが利用者があまりに少ない。来ていない子どもは一体どこでなにをしているのか。酒を飲みながら話すうち勢いづいて、気づいたら新しく団体を立ち上げることになっていました。理想も情熱もない。あったのは勢いだけで、そのとき一緒に飲んでいたのが今の代表です。

やると決めたはいいけれど課題は山積です。まずお金がありません。場所を構えることもできず、苦肉の策で訪問専門のフリースクールにすることにしました。さらに、知識や経験がありません。教育学も心理学も学んだことがない。なにか参考になるものはないかと探して見つけたのが、長谷川博一著『こんにちはメンタルフレンド――「引きこもり」の子どもの心を開き、家族を開く支援システム』（日本評論社、二〇〇〇年）でした。「訪問型フリースクール漂流教室」の設立は２００２年。ほとんどなりゆきと本一冊を持ってのスタートでした。

活動の変化

当初の予定では、家から出づらい不登校の小中学生への学習支援がメインのはずでした。ところが、在宅学習支援の導入にとつくったはずのメンタルフレンドコースばかりが増えていきます。おまけに訪問が終わらない。２年、３年、５年と続き、家から出づらいどころか、学校へ通うようになっても利用する子どもがいます。その様子に、不登校そのものが問題なのではない。なにかほかに困難があり、それが「学校へ行かない／行けない」という形で表れているだけだと気がつきました。そして、必要なのは教科学習より、話のできる「他人」と変化を待つ「時間」なのではないか、と考えました。

現在の漂流教室の訪問は、在宅学習とメンタルフレンドという区分けはありません。利用時間の違いだけです。話をするのが主であれば1時間コースを、一緒に何かしたいのであれば2時間コースを。どちらも週に1回の訪問です。利用の年限はありません。学校やその他機関との併用も構いません。また、利用料はなるべく低く抑えています（月額8、000円・交通費込み）。訪問ボランティア募集にあたっては、最低でも1年間は続けられるか確認しています。本人が「もう必要ない」と言い出すまでつきあう。そのためになるべく長く訪問を続けられるようつくった仕組みです。

また、2006年にフリースペースを開設しました。出かける場所がほしいという希望が訪問先からあったこと。高校や大学、社会人になっても利用したいという人が増え、そういう人たちが休みにふらっと寄れる場所を用意しようと思ったことが理由です。

受容と共感など、活動における理論的基礎を学んだ『こんにちはメンタルフレンド』ですが、長く続けるうち、次第に方向性の違いが見えてきました。一つには発達障害や身体障害、精神疾患、貧困などの問題です。さまざまな要請に応じるうち、個人の心理的なサポートを超え、福祉や社会制度といった「個人をとりまく環境」へ活動の範囲が広がっていったこと。もう一つは、活動自体がいわゆる「支援」から離れていったことですが、これは後半であらためて述べます。

訪問の様子（事例をもとに）

「役に立ちたい」

Tくんが漂流教室の利用を始めたのは高校2年の夏。入学した通信制高校に通えなくなり、休学したのがきっかけでした。パソコンに興味があるということで、情報系の大学に通うボランティアスタッフのSさんに訪問をお願いしました。はじめはTくんのするゲームをSさんが後ろから見ているだけでしたが、ほどなく一緒にゲームをしたり、パソコンの話をしたりするようになります。

このころ、Sさんは焦っていたそうです。学校へ行けなくなった子どものためになにか役に立ちたい。それが、毎回ゲームをしているだけでいいのだろうか。自分はなんのためにいるんだろう。スタッフミーティングでそんな話が出ました。

おそらく漂流教室設立当初であれば、教科書通りに受容的対応の説明をしたでしょう。しかし、それだけではボランティアスタッフが先に参ってしまうかもしれません。訪問を長く続けるためには、スタッフも楽になる必要があります。まずは相手のしたいことにつき合うという原則を伝えたうえで、一つだけSさんの意向も取り入れることにしました。SさんはTくんとの外出を希望。Tくんもそれを受け入れ、たまに連れだって近所へ出かけるようになります。

Sさんに余裕が生まれたことで、ふたりの関係は安定します。安定は会話に現れます。以前はゲームのことばかりだった話題にスポーツが入るようになり、時事問題へ発展し、この一週間になにがあったかを話すようになりました。

実は、ほとんどの訪問先がこれと同じ過程をたどります。はじめは自分の好きなものの話をしていたのが、徐々に興味がよそへ移り、最終的に一週間の報告に落ち着く。そうやってルーティンワークのように一週間のできごとを語るうち、次の変化が生まれます。一週間前を振り返っていた視点が一週間先へ向くようになる。それが次第に二週間、三週間、一ヶ月、半年と延びる。訪問が生活の目盛りになり、過去を整理することで未来を考えられるようになるのです。

「喫茶店事件」

訪問開始から一年。Tくんは自動車学校へ通い免許を取得しました。フリースクールのキャンプにも参加しました。Tくんが外へ向かって動きはじめたころ、「喫茶店事件」が起きます。

いつものようにTくんとSさんが外出していたときのこと。コーヒーを飲もうと向かった喫茶店が、閉店時間で入れませんでした。次にふたりが向かったのが近くの居酒屋。そこでSさんは、誘惑にあらがえず、一杯だけお酒を飲んでしまいます。

Sさんは成人ですがTくんは未成年です。まして訪問中のことです。本来ならばあり得ないことですが、あえてこれを不問にしました。理由は、当事者たるTくんが気にしていなかったこと。そして、Sさんのいわば「おきて破り」な行動で、ふたりの関係はさらに変化すると判断したからです。

それぞれの変化

次の春、Tくんは復学しました。さらに、大学進学の学費を稼ぐため居酒屋でアルバイトを始めました。せめてどちらか一つに絞った方が、というSさんの心配をよそに、Tくんは順調に新生活をこなし、会話にはこれまでなかった「他人の話題」が増えていきました。

一方、Sさんの生活も大きな節目を迎えていました。大学卒業です。卒論と就職活動が重なり、疲れたSさんは、うっかり訪問先で寝てしまうこともありました。Tくんはその様子を見て、「くたびれてるんだな」とそっとしておいたということです。Sさんにとっても、そのころは訪問が一番ほっとして安心できる時間だったそうです。

訪問は丸二年を超え現在も続いていますが、どちらもこの春に卒業を迎えます。Sさんは遠方での就職が決まりました。終わりを見据えながらの訪問に、ふたりの関係がどのような変化を見せるか楽しみです。

訪問の意味

時間の整理

漂流教室の訪問には三つの意味があると考えています。一点目は、定期的な訪問による時間の整理です。事例でも述べましたが、訪問にあわせて一週間を整理することで、過去がきちんと過去として位置づく。悩みのある状態というのは、悩みに時間が支配されている状態といえます。たとえば不登校なら、学校へ行っていない状況にとらわれ、常に学校を意識して暮らしています。そのほかのことは、悩みに隠れて見えません。過去を過去に位置づけ、一ケ月前、一年前の自分との違いを発見することで、時間の流れが戻ってきます。

将来を考えるためには、しっかりした足場がいります。自分に起きたことを「過去にしていく」作業はその足場づくりです。人は振り返れる過去の分だけ未来を考えられるのだと思います。

対話を通して変わる

過去を位置づける作業は、主に対話を通して行われます。自身の体験を他人に語る。その過程で「ひとりの体験」は「ふたりに共通の物語」になります。それは、体験に新たな枠組みと意味が付与されたということでもあります。対話の機会を保障すること。これが二点目です。

対話は直接会ってするものに限りません。訪問はほとんど週に1回、1時間です。つまり、残りの6日間と23時間は会っていないことになります。しかし、その間の生活は以前とは違う意味を持ちます。同じゲームをするのでも「次に会ったときにこのことを話そう」と思えば、相手を念頭に言語化する必要が生まれます。話をする他人の存在が、言葉や思考の枠組みを変えます。

Sさんが疲れて訪問中に寝てしまったとき、Tくんは無意識に、これまでSさんが自分に向かって取った態度をなぞったのではないかと想像します。他人の存在は思考の枠組みを変え、いつか自分の中に根を下ろします。そうやって他人を内在化することで、思考や価値観が柔軟になり、対応の幅が広がるのです。

閉じられた世界

漂流教室を始めたときはこう考えていました。不登校になると世界が狭まる。もともと大人数が苦手な子どももいる。そのような子どもに訪問を通して世間の風を吹き込み、大勢で過ごす前段階として一対一の関係をつくる。しかし、それは逆だったのではないかと思います。

対話は一方で危険なものです。過去を話し、他人を内在化するには、安全で安心できる環境が必須です。

漂流教室はカリキュラムを設けません。訪問に目的をつくりません。ただ、淡々と会い続けます。それは、「目的があるから会う」のではなく「ただ会う」ことを主眼としているからです。目的なく週に1回訪問を続けるということは、存在そのものに会いに行くということ。これが三点目です。

Sさんが訪問中にお酒を飲んだとき、その場に一瞬の緊張が走ったのではないかと想像します。これまでの関係を壊しかねない行為だからです。でも、結果的に大丈夫だった。そのときTくんはこの関係に、多少のことでは壊れない安心を覚えたのではないでしょうか。訪問は社会との接点ではなく、その時間だけは社会の価値基準から切り離された、ある種「閉じられた世界」であることが大事なのだと思います。

ボランティアスタッフも変わる

ボランティアスタッフの声

ところで、このような訪問をボランティアスタッフはどう感じているのでしょうか。Sさんは当初、「利用者の役に立ちたい」と強く思っていたはずです。それが、気を許して訪問中に寝てしまうくらいになる。そんな自分をSさんは「ボランティアとしてあり得ない」と言いつつ、「それが大丈夫な不思議な関係なんです」とふたりの関係を振り返ります。「友達とも違う。先輩後輩とも違う。なんだかわからないけどホッとする関係です」と。このような感想はほかのボランティアからも聞かれます。

初めは相手が「悩みを相談する人」のように自分を捉えていて、悩みがないときはどうしていいかわからないようだった。一緒に話したり遊んだりするうち、何をしてもいい人なんだとわかり、その頃から表情も変わってきて、いろんな話をするようになった。訪問に向け気持ちを整理することと、そのときの感情のままに話をして状態を確認することと、子どもが自分のことを知るための方法が二つ訪問には用意されてると思う。自分も相手も、一緒にいて話をする中で自己を確認して変わっていったと思う。（訪問歴５年）

そもそもこのボランティアを始めたのは、それまで人のお世話になってばかりで、今度は自分が誰かのために何かをしたい、するべきだと思ったからです。ところが実際は、一対一の、少し歳の離れた、少し変わった人間関係があるだけです。けれども、その関係は大切なものだと思います。彼女にとっての私の存在、私にとっての彼女の存在はこれまでになかったものであり、お互い得るものがあると思っています。多くを望まず、彼女の今の気持ちを考え、今ある関係を大事にして行けば、それでよいのかもしれません。ふたりで話をしていると、ときどき、一緒にいることができる喜びを感じます（訪問歴４年）

友達じゃない、先生でもない、何とも表現できない関係ですよね。こんな関係が4年も続くなんて不思議です。でも逆に曖昧だからこそ続いたのかもしれない。そう考えると、曖昧ってすごいなと思います。世の中こんな曖昧な関係ってないじゃないですか。白黒つけなきゃいけないことばかりで。そんな中で、そうじゃなくてもいいって思えること、というか、そうじゃないものもあるって知れたことはすごくよかったと思います。（訪問歴4年）

変化はお互いさま

このように多くのボランティアスタッフが、「教える／教えられる」「助ける／助けられる」といった決まった形がないことにとまどいつつ、関係を受け入れていきます。理想との違いに、このままでいいのだろうかと悩みながら、相手の存在に助けられ自分を肯定していく様子や、関係そのものに喜びを感じる様子もうかがえます。

「自分も自己を確認して変わっていったと思う」「白黒つける関係ばかりじゃないと知れてよかった」という感想は、彼らもまた訪問を通して気づきを得、成長したことを示しています。ここに訪問のもうひとつの意味があります。

ボランティアスタッフにも生活があり、悩みがあります。将来への不安もあります。訪問先の子どもたちと同じように、彼らもまた揺れているのです。「子どもにも自分にも訪問は日常になっている」という感想がありました。彼らも、週に一度、閉じられた安全な世界で、対話を通じて自らの一週間を振り返っていたのではないでしょうか。そうして、過去を整理し将来を考え、相手を受け入れ、かつ自分も受け入れられて、自己を築いていったのではないでしょうか。

そう考えると、訪問はひとつの共同作業のようです。利用者とボランティアスタッフは、おろおろしながら共に進む同志のようです。ところで、それは「支援」なのでしょうか。

「支援」ではなく「かかわり」

「支援」では語れない

いつからか、自分たちの活動と「支援」という言葉のあいだに、微妙な齟齬を感じるようになりました。「支援」として捉えると、主語はどうしても「支援者」になります。支援者が働きかけ、利用者が変わる。しかし、実際は訪問事例やボランティアスタッフの感想のように、お互いがお互いに影響を受けながら、それぞれに自己を形づくっていきます。この「互いに揺れながら共に進む関係」が、「支援」の文脈ではどうも語りづらいのです。

「やりがい」のない活動

明確な目的意識を持った専門的支援機関においては、「やる意味」「目的」が求められます。だから、スタッフも「やりがい」を感じられます。僕はそういうところでもボランティアをしてきました。しかし、誤解を恐れずに言えば、漂流教室では普通の意味での「人のお役に立てるやりがい」は感じられない気がします。しかし、「やりがい」以前のもっと根本的な何かを教えてもらったような気がしています。とりたてて親密になれなくても、盛り上がった会話や楽しみがなくても、「やること」がなくなっても、「ただ一緒にいる」ということには、何か意味があるんだと思います。その「ただ一緒にいる」ができるようになった後、その土台の上に、「気づかい」ではない、素朴な笑いや自然な相談も生まれていったような気がします。（訪問歴5年）

あるボランティアスタッフの、訪問を振り返っての感想です。個人と個人がただ会って、一緒の時間を過ごす。なにか大きな役割を果たすわけでもない、この「やりがい」のない関係を「支援」と呼ぶのはおおげさ過ぎます。「つながり」でもまだ強い。「かかわり」くらいが丁度いいように思います。お互いがお互いの生活にほんの少しだけかかわる中で、「根本的な何か」を感じ、利用者もボランティアスタッフも静かに変わっていくのです。

フリースクールをやめる

そうなると「フリースクール」という名称も窮屈に思えてきます。日本では不登校の児童生徒の支援機関として発展した経緯があり、そのためフリースクールはどこよりも「不登校を強く意識させる場所」となってしまいました。そのせいで利用に強い拒否感を示す子もいます。それで、思い切って「フリースクール」の看板を外すことにしました。

「支援」は困難と直接対峙します。そのため、ときとして利用者の存在が困難に隠れ、見えなくなることがあります。困難を解決することは重要ですが、自分を「支援してもらわねばならない困難を抱えた人」と認識するのは辛い作業です。もっと、いつでも誰でも利用できる仕組みがあってもいいのじゃないか。振り返れば、カリキュラムや年齢制限をなくしたことも、在宅学習支援とメンタルフレンドの区別を撤廃したことも、他機関との併用を推奨するのも、できるだけ「支援」の枠を外した活動にしたいという点で共通しているように思います。

新しい名称は「訪問と居場所　漂流教室」としました。パンフレットには、人は自分の力で成長していくこと。しかし、ときには誰かがいた方が楽なこともあること。そんなとき漂流教室は「訪問」と「居場所」のふたつの方法でかかわれることを、植物の成長に重ねて記しました。

専従スタッフの役割

漂流教室ではほとんど会議をしません。そのかわり、雑談も含めよく話します。月に二度のミーティングのほか、訪問時はできるだけ専従スタッフが送迎するようにしています。数年にわたる訪問では、送迎も同じだけ続きます。そうすると、初めは訪問の報告だったものが、次第にボランティアスタッフの日常の話へ変わっていきます。将来への不安がもれることもあります。このときボランティアスタッフは、利用者と自分との関係を、立場を入れ替えて体験することになります。

利用者とボランティアスタッフのかかわりを小さな輪にたとえるなら、ボランティアスタッフと専従スタッフの関係は、そのひとつ外側の輪です。その外側には、保護者や、学校をはじめとする他機関と専従スタッフでつくった輪があります。専従スタッフの役割はこのように幾重にも輪を重ね、利用者とボランティアスタッフが安心して関係を築き、共に成長する環境を調整、保障することだと考えています。

これからの展開

もっとも、これらはほとんど偶然の産物です。活動のバックボーンがなかったため、障害や疾患といった予想外の展開に、ただ会って話をすることしかできなかったというのが実情です。会うこと、話をすることならば、誰でも経験があります。専門的な支援はほかの機関に任せ、ただそれだけを頼りに試行錯誤してきました。

小児科医で、自らも脳性まひの障害を持つ熊谷晋一郎さんは、雑誌のインタビューで障害者の自立について、次のように述べています。

「実は膨大なものに依存しているのに、『私は何にも依存していない』と感じられる状態こそが、〝自立〟といわれる状態なのだろうと思います。だから、自立を目指すなら、むしろ依存先を増やさないといけない」。(注)

人が困難な状況に陥るのは、頼る先が限られ、社会にかかわる機会が制限されたときです。ひたすら会って話をする活動を続けていた漂流教室と、困難を抱えた人たちに共通の課題とが、たまたま適合したのでしょう。そういう意味では、「フリースクール」の名称をやめ、「かかわり」に重点を置く活動へ本格的に移行したこれからが、真価が問われるときです。

「かかわり」重視の取り組みはほかにも見られます。たとえば、「いけふくろうの会」という集まり。ひきこもり当事者や支援者などで月に一度開いている、ただの飲み会です。ひきこもり支援の場への参加は、フリースクールと同じく、自分が支援される特別な存在であることの自覚を迫ります。しかし、飲み会ならば参加者はみな対等です。お酒が飲みたかったから来てみた、という口実も使いやすい。その手軽さに、北海道や千葉、愛知などで次々と新しい「ふくろう」が誕生しています。

または、神奈川や大阪などで行われている「高校内カフェ」。委託を受けたＮＰＯが高校の図書室を会場に、週に一度、無料のカフェを開きます。スクールカウンセラーとの違いは、カフェなので、相談をしなくとも誰でも行けるということです。課題のある生徒をほかの機関へつなぐこともありますが、基本はみんなでコーヒーを飲み、お菓子を食べてただおしゃべりをするだけです。こちらから出かけていくところ、ただ会って話すところなどは、漂流教室の活動に似ています。

かかわり重視の取り組みにはいくつかの共通点があります。人を選ばないこと、手続きの少ないこと、対等であること、内容がわかりやすいこと（「自助グループ」といわれてもピンと来ませんが、「飲み会」や「カフェ」なら誰でもわかります）、出入りが容易なこと、安価または無料なこと。これらはすべて参加しやすさの要素です。

「居場所の必要性」とよく言われますが、「居場所」とは実は「行く場所」です。居るためには、まずそこへ行かねばなりません。参加しやすいことが居場所の第一条件なのです。参加の敷居が低かったり、参加の方法が多様だったりすれば、人はあちこちを利用しながら、自分なりの「かかわり」をつくっていくでしょう。

それは「日常」という言葉に置き換えられるのかもしれません。漂流教室の訪問も、利用者、ボランティアスタッフ双方の「日常」となっていきました。かかわりの機会を保障することは、日常を保障することなのではないでしょうか。

「セーフティネット」は、社会保障制度や支援機関だけを指すのではありません。学校も会社も、他人とのかかわりも、生活にかかわるすべてはセーフティネットです。熊谷さんの言葉を借りれば、そのような生活基盤の支えを、わざわざセーフティネットと認識せずとも自由に選べる状態のことを、「自立」と呼ぶのでしょう。社会参加と社会保障は実は同じことなのです。

教育や就職といった、もともと多くの人が利用しやすいようつくられたはずのセーフティネットが、ふるい分けの仕組みになってしまっていることは非常に残念です。そういった大きなネットの編み直しと並行して、特別ではないけれど少しだけ敷居が低い、または間口が広い、そんな取り組みも増えていくでしょう。「ただいる、ただある」が漂流教室のキャッチフレーズです。人がただいるだけ、場所がただあるだけのところから生まれる、なんてことのないかかわり。そういったかかわりが豊かにあれば、その日常を基礎に、人は動き出すのだろうと思います。

注　熊谷晋一郎「自立は、依存先を増やすこと　希望は、絶望を分かち合うこと」東京都人権啓発センター編『TOKYO人権』第56号、二〇一二年を参照。

植物が自然と伸びていくように
人は自らの力で育っていきます

でも、風がふいたとき
雨がふったとき
雪がつもったとき

そばに支えがあると
ちょっとラクです

漂流教室はそんな
「支え」のひとつです

ただいる、
ただある

漂流教室にはカリキュラムがありません
年齢制限がありません
学校に行っているとか行っていないとかは関係ありません
障害があるとかないとかも関係ありません

人と人がただ会って、一緒の時間をゆっくりすごす
そのうち相手が、自分がわかってくる
すこし距離がちぢまっている

親でも兄弟でも先生でも友達でもない
そんな「人」とただすごす「時間」

それが漂流教室にあるものです

（漂流教室パンフレットより）

第10章　ひきこもる若者と、総合的なかかわり

竹久輝顕

ひきこもる若者と自己

ひきこもる若者とかかわる経過

「あのとき言われたことって、こういうことだったんですよね。」ある日、2年ぶりに会いに来てくれた若者は私にそう話しました。言った側は覚えていないような言葉が、彼の中に残っており、それが2年間のさまざまな経験を経た今、気づきになって話しに来たようでした。若者の成長にかかわると言っても、それがいつやってくるかわからないことを改めて実感し、また自分自身の発した言葉の持つ意味を問い直すきっかけをもらった出来事でした。

私は、京都市ユースサービス協会という財団で、現在は子ども・若者総合支援という取り組みに携わっています。ひきこもる若者のみに焦点を当てるわけではなく、社会生活を送るうえで困難な状況にある若者を対象に、社会とのつながりを持ちながら生活していけるようになっていくために、本人や、本人を取り巻く環境へのかかわりを継続的、包括的に持とうとする取り組みです。私がひ

きこもる若者とのかかわりを深く持ち始めたのは、「子ども・若者育成支援推進法」（2010年4月施行）に基づくこの取り組みがきっかけでした。元をたどると、学生時代の野外教育の活動経験から「体験からの学び」「相互に成長できる場づくり」「その場での関係性」に関心を持ち、グループワークをベースに若者の成長にかかわりたいという思いを持ち、若者が成長していくことを支援するユースワークにかかわることになりました。そして、青少年活動センターにおいて、ユースワーカーとして若者との関係づくり、成長のための場づくり、個別相談等に取り組んできました。青少年活動センターは、多様な若者が利用できるユニバーサルな場であり、特に「ひきこもる若者」や「困難な状況にある若者」に焦点を当てて支援をしているわけではありません。しかし、やってくる若者たちの背景は多様で、中には不登校経験やひきこもった経験のある若者もいます。また、思い起こしてみれば、学生時代から周囲には、不登校・ひきこもり経験のある友人・仲間がおり、意外と身近に存在していた事柄であったように思います。ただ、改めて「支援」として意識し始めたのが、子ども・若者総合支援の取り組みを始めた、そのタイミングだったと言えます。

ひきこもる若者をめぐる問題の捉え方

若者とかかわる仕事に10年以上携わっていますが、「若者をめぐる問題」をどのように捉え、アプローチするかにしばしば悩みます。「若者の問題」として、若者の側に問題を捉えようとするのではなく、実際は社会の側に問題が存在したり、若者と社会との間に問題が存在したりしています。また、そもそも、その問題を規定しているのは社会の側でもあり、それを社会、支援者、大人側からのみで捉えることのないよう、いかに若者側からの視点を交えて捉えられるかということに頭を悩ませます。そう考えると、自身だけで考えていても答えが出ず、「若者に教えてもらう」「若者とともに考える」ことをしながらやっていくしかないわけです。ひきこもる若者をめぐる問題も、ひきこもる若者側の発する言葉からも捉えていく必要があるのではないでしょうか。

現在では「ひきこもり」という表現も一般的になってきていますが、「ひきこもり」は、内閣府「若者の意識に関する調査（ひきこもりに関する実態調査）（２０１０）」や厚生労働省「ひきこもり対策推進事業」において、ひきこもっている「状態」として定義されています。しかし、そこから派生して「ひきこもる若者」を「ひきこもり」と捉えてしまうことには、私自身は若干抵抗もあります。ひきこもる若者が自身を「ひきこもり」と捉えることに意味を持つこともあるので、それをすべて否定するものでもないのですが、その枠組みのみで捉えないようにしたいと個人的には思っています。それは当事者性につながる話でもあります。

少し話が逸れますが、私は兵庫県神戸市出身で、高校時代に阪神淡路大震災を経験しました。居住地は比較的軽微な被害で、自宅は一部損壊でしたが、避難所での生活も仮設住宅での生活も経験していません。そのような状況で、メディア等でよく語られていた「被災者」という表現に、自分自身を重ねられるのかどうかわからずにいました。一時は、出身を話すと「大変やったね」と言われ、なんとも言えない気分になったことを覚えています。それは、あらゆる程度、多様な側面を以って存在しているものを一括りに表現されることへの自身の違和感だったのだと後になって気づき、捉え直すことになるのですが、当時はよく理解できませんでした。そのことは「ひきこもり」表現の捉え方ともつながり、あらゆる状況、あらゆる程度を以って存在するものをあるラインで区切っているだけの状態と捉えています。そこからこぼれ落ちることのないように、その括りに入っても入らなくても、個々の思いや背景等をしっかり聴きながら、まずは若者側の視点からかかわっていくことを大切にしています。そして、これらは包括的にかかわろうとする子ども・若者支援の枠組みとも合致するものでした。

しかしながら、これらは現場でのミクロな視点での捉え方でもあります。ある一定の括りで見ること、マクロな視点で捉えることで、そのことを問題として、社会に訴えかけることやサービスを開発していくことができるわけですから、一括りにすること自体が何も悪いことではないとも思います。そういう意味では、両面で観ていくこと、どちらの視点で捉えているかの意識を持つことが必要だということでしょう。私の考え方のもとになっているユースワークでは、若者の成長を支援するとともに、若者の声を社会に届けていくことを大切にしていますが、若者自身が声を届けられるように場・機会を持っていくこととともに、なかなか声をあげられない、渦中にある若者の声を代弁していくことの大切さも感じています。

また、ひきこもる若者とのかかわりについて、私からは子ども・若者支援の観点から述べさせていただきますが、地続きになっている子ども・若者をめぐる多様な問題に包括的にかかわることは、ひきこもる若者をめぐる問題とかかわることと、近いことではないかという思いを持っています。それはひきこもる若者の背景も一様ではなく、多様だからです。そして、地続きになっていると表現しましたが、一つの特定課題、特定期間の取り組みでは済まないものであり、多様な分野、年齢対象でのネットワークが必要になってくるのだと思います。

子ども・若者支援の枠組みと支援ネットワーク

子ども・若者総合支援という枠組み

子ども・若者育成支援推進法は、子ども・若者を巡る諸問題の深刻化を背景に制定されました。ここで触れるのは社会生活を送る上での困難な状況にある子ども・若者の包括的な支援に関する話が中心ですが、「すべての子ども・若者の成長」も謳っており、子ども・若者を主体的に捉え、その成長を保障するものとなっていく基幹となりうる法律です。法では、「ひきこもり」の問題に限っているわけではありませんが、そのことを一つの大きな問題として捉え、若者を巡る諸問題への包括的な支援に取り組む枠組みを規定しています。また、子ども・若者の育成支援を地方自治体の責務とし、相談拠点としての「子ども・若者総合相談センター」、地域の支援ネットワークとしての「子ども・若者支援地域協議会」の設置等を推し進められています。このネットワークは、特に年齢的なライフサイクルを意識した縦のネットワーク、縦割りの弊害をなくすための分野横断の横のネットワークを重要視しています。これらは、第2部のテーマである「支援ネットワーク」に深く関連するものと言えます。

そのような枠組みが有効に機能していけばいいのですが、同法の施行から6年余りが経過した今も、全国的に見てこの枠組みは、まだまだ取り組み途上である状況です。内閣府によると子ども・若者支援地域協議会の設置数は、2016年4月時点で全国89地域に留まっており、都道府県・市町村の数を考えると、非常に少ない状況です。ただ、この内閣府の提示する枠組みを利用せず、独自の方法で取り組む地方自治体もあり、子ども・若者支援の枠組みを使っていないからといって、問題に取り組んでいないとも言えないのですが、それにしても少ない数値です。

同法の大綱である「子ども・若者育成支援推進大綱（子ども・若者ビジョン）」では概ね5年後に見直しが規定されており、5年を迎えるにあたり2014年には「子ども・若者育成支援推進大綱（「子ども・若者ビジョン」）の総点検 報告書」（2014）が発行されました。同報告書には、現状と課題が明示されており、その中には、支援ネットワークについての課題も提示されています。

また、それをもとに２０１６年には「子ども・若者育成支援推進大綱」の改定が予定されています。

京都市における子ども・若者支援の取り組み

京都市は、子ども・若者育成支援推進法をもとにしたネットワークとして「京都市子ども・若者支援地域協議会（以下、協議会）」を２０１０年10月に設置し、協議会の指定支援機関（協議会による支援を主導する主体）として、公益財団法人京都市ユースサービス協会が指定を受け、協議会構成機関を中心とする他機関との連携による支援を開始しました。同時に、ワンストップ相談窓口としての総合相談センター「京都市子ども・若者総合相談窓口（以下、総合相談窓口）」が二ケ所に設置されました。

総合相談窓口では、子ども・若者に関するさまざまな相談を受け、話を詳しく聴き、適切な機関に紹介するほか、必要な情報を届ける、助言するなどの対応を取ります。しかしながら、すべての相談に適切な単独の紹介先があるわけではありません。主となるべき専門機関がなく、複数機関のかかわりが必要なケース、継続的なかかわりが必要と思われるケースについては、協議会の支援ケースとして引き続き支援することになります。実態として、総合相談窓口における「ひきこもり」に関する主訴の相談は、他主訴の相談よりも圧倒的に多く、相談全体の３割程度。また、その多くがご家族からの相談となっています。

協議会は、教育、福祉、保健、医療、労働、更生保護、青少年等の多様な行政機関・民間団体、学識者等で構成され、支援に関する連携のためのネットワークとして存在しています。とはいえ、先述の協議会の支援と言っても常に構成機関が集まって支援するわけにはいかず、実際は指定支援機関である当協会の子ども・若者支援室にて、6人の支援コーディネーターが、他機関との連携をもとにした支援を展開しています。相談される方の同意のもと、各個別の状況にあわせて、若者の困難な状況を少しでも和らげ、若者がより生きやすく、生活していけるようになるよう、既にかかわっている機関・団体、これからかかわるべき機関・団体と連絡を取り、調整をしながら支援を進めています。この協議会での支援では、ひきこもり状態にある若者は、全体の6割程度。そして、状況によって、支援コーディネーターが、ひきこもる若者の家庭に訪問したり、近隣地域に訪れたり、どこか目的の場所に同行したりするアウトリーチにも取り組んでいます。

これらの取り組み内容は、厚生労働省が設置をすすめる「ひきこもり地域支援センター」と重なる部分も多く、2013年10月からは精神保健福祉センターである「京都市こころの健康増進センター」とともに「ひきこもり地域支援センター」として位置づけられました。京都市は、内閣府の子ども・若者支援の枠組みと、厚生労働省のひきこもり支援の枠組みとを重ねて実施する全国でも珍しい自治体になっています。

若者たちとのかかわりから

子ども・若者の総合的な支援とは具体的にどのようなことをするのか、子ども・若者支援の現場でよく出会うモデルケースを用いて、お話ししようと思います。5年間取り組んできて感じるのは、当たり前のことですが、同じ状況の相談はないということです。このモデルケースも一例にすぎません。

〈Aさん28歳 男性／父・母・A・弟の4人暮らし／母からの相談〉

Aさんは、小学校時代はおとなしいながらも友達も数人いて、母曰く何の問題もなく過ごしていたそうです。中学校でも学校生活は順調にいっていると思っていたのですが、中学2年生に入ると体調の不良を訴え休みがちになり、夏休み明けからは全く通わなくなりました。それでも、中学3年生の秋以降はまばらですが登校し、卒業後は高校に進学。高校入学後、一ケ月ほどは通っていましたが、クラスの中でうまく関係ができなかったのか、学校に行かなくなりました。その後、母の勧めで通信制高校に入学。なんとかスクーリングにも参加でき、卒業。しかし、その先の進路が決まらず、Aさんは「バイトする」と言っていたそうですが、動く気配がなかったそうです。最初の頃は外出もしていたのですが、徐々にそれも減っていき、人目を気にしてほとんど外出しなくなりました。現在では、外出するのは、深夜にコンビニへ行くぐらい。最初のうちは、母から本人に働くように言い、本人も「わかってる」とは言っていたのですが、動く気配がなく、怒ったことも何度かあったそうです。20歳の頃からは、家族ともあまり話をせず、ごはんも一人で食べるようになりました。昼夜逆転で、朝に寝て、夕方に起きてきます。パソコンを使ってインターネットで何かしているようだが、何をしているかわからない。母は、どうかかわればいいかもわからず、今後のことを心配して相談窓口にやってきました。

ひきこもる若者をめぐる相談の多くはご家族の相談から始まります。中には、ひきこもる若者本人からの相談も、関係機関からの相談もありますが、圧倒的に多いのはご家族が困り果ててやってくる相談です。

まずは、総合相談窓口でお話を伺い、適切な機関・団体をご紹介しますが、Aさんのようにひきこもっており、特に病気や暴力等も確認できていない場合、多くは子ども・若者支援室につながり、地域協議会の支援ケースとして、継続して支援することとなります。支援コーディネーターは、同意のもとできる限りの情報を集め、必要に応じて個別ケース検討会議を開催し、アセスメントに取り組みます。

Aさんの場合は、まずは本人の思いや状況を母に確認していき、家族と本人とのかかわり、本人とどのように出会えそうかを一緒に考えていきました。この時点での相談者はAさんの母なのですが、母の思いだけでなく、極力本人の思いを汲みながらかかわります。来所が困難でも無理に訪問することはせず、本人の思いを確認します。本人が拒否しないようであれば、ご家族への訪問から開始することもあります。もし、ご本人に会えたとしても、決して無理に外に出そうとはしません。好きなものの話をしたり、一緒にゲームをしたり…少しずつ関係を築いていきます。Aさんは、オンラインゲームをするのが好きらしく、そのことを話してくれるようになり、他の話も少しずつしてくれるようになってきました。ここでは家庭への訪問ですが、場合によっては、家以外の場所でお話しすることも、行きたい場所へ同行することもあります。手紙やメール、電話でやりとりすることもあります。そして、ご本人の気持ちが来所に向かえば、話す場を支援室に。なかなか「こうしたい」という思いまでは出てこなかったりもしますが、「ここがなんとかなったら…」等の思いにそって、ともに考えていきます。なかなかすぐに次…とはいかないので、タイミングも含め考えます。

先のことを考え始めたAさんは、人づきあいが苦手な自分をなんとかしたいと言います。そこで、青少年活動センターやNPOの活動を紹介します。Aさんは、その中の一つの交流プログラムに参加しました。そこでも、最初からうまくいくわけではなく、初回はいるのが精いっぱい。そんな始まりでしたが、面談で活動の振り返りを行い、少しずつ活動の場にも慣れていき、自分なりに目標も持ってかかわるようになっていきました。

そして、活動にも慣れて、自分自身のことを振り返る機会が増えてきたところで、徐々に就労にも関心をもつようになってきました。支援コーディネーターは、就労準備のためのプログラム等をAさんと探していき、Aさんは若者サポートステーションの就労体験に参加することになりました。そこでも試行錯誤を繰り返しながら、自分の力で少しずつ前に進んでいけるようになっていきます。その後、Aさんはキャリアコンサルタントによる相談を利用し、ハローワークを通じて就労するようになりました。

実際はこんなにスムーズにはいかないケースばかりですが、大まかにはこのような流れになるものが比較的多いものです。実際は途中で医療機関とのかかわりがあったり、障害福祉サービスを受けることがあったりもしますし、行きつ戻りつを繰り返すケースも少なくありません。それでも、試行錯誤を繰り返しながら、結果的に前に進んでいきます。

個別支援と支援ネットワーク

支援の入口・プロセス・出口について

社会との間に何らかの困難さのある若者への支援を考える際に、それぞれの段階での問題があると思われます。いかに支援につながってこられるかという入口の問題、いかに状況に合わせて若者とともに先に向けてのプランニングを行い、それを実践していけるかという支援プロセスの問題、そしていかに先につながって支援を必要とせずやっていけるようになるかという出口の問題が、多方面で語られています。それらが独立して語られるのではなく、それらを有機的につなげていく必要があると思います。若者とともに考え、伴走しつつ支援し、そしてさまざまな機関・団体ともつながりながら、若者の側に立った支援をコーディネートしていくことが必要なのではないかと考えています。

京都市ユースサービス協会では、「青少年活動センター」「子ども・若者総合相談窓口／子ども・若者支援室」「京都若者サポートステーション」という入口・プロセス・出口にかかわる部門があり、他の関係機関・団体とともに支援ネットワークとして、若者を中心に置いた支援をしていけるように意識しています。

支援の入口と支援ネットワーク

ひきこもる若者とのかかわりを考える際に、若者がどうすれば相談・支援にアクセスできるのかという問題があります。自ら総合相談窓口にやってくる相談もありますが、相談機関というのは、少なくともひきこもっている若者自身がつながりにくい場所なのではないかとも思います。総合相談窓口にやってくる相談でも、多くはご家族からの相談です。そういう意味では、家族へのメッセージを届けていくことが重要でもあります。

次に、ほかの相談機関、支援機関から紹介されてやってくるというルートがあります。子ども・若者とかかわる関係機関としては、京都市では、学校、教育相談総合センター、児童相談所、精神保健福祉センター、青少年活動センター、地域若者サポートステーション、保健センター、福祉事務所、子ども支援センター、発達障害者支援センター、家庭支援総合センター、障害者地域活動支援センター、地域の社会福祉協議会、民生委員、介護現場等、さまざまな機関・個人からの紹介で相談が入ってきています。教育、福祉、保健、医療、雇用、青少年、地域等、多分野のさまざまな現場からつながってくることができる機関ネットワークとしても機能することが必要となります。特に、所属が変わる際の移行期の支援の引き継ぎが問題になります。また、もともと相談意欲が表れている方ばかりでもないことを思うと、相談のためにやってくるわけではない場というのも大切な資源になるのではないかと思っています。青少年活動センターのようなオープンアクセスな場にやってきている若者とのかかわりから潜在的なニーズを拾えることもあります。また、高齢者介護の関係で家庭に入っている介護職の方を通じて、ご家族の相談につながることなどもあります。そう思うと、多様な入口からつながることができるための仕組みが必要なのだと思います。

支援のプロセスと支援ネットワーク

ひきこもる若者への支援を考えると、当たり前のことですが、その状況にあわせた支援が必要になります。支援プロセスと言っても段階によって違うものだと思いますが、ここでは広くプロセス全体として捉えることとします。ネットワークによる支援を考えた際に、どこかにつないで、それで終わりではありません。例えば、医療機関を利用しながら、何らかの活動にも参加しつつ、伴走型の支援を並行して行うことになります。そして、本人に限らず、家族が家族会や家族教室にかかわったりすることもあり、同時並行の支援を行うことが多々あります。

まず、最初はご家族からの相談が多いですが、本人にいかにアプローチするかという点がありま す。本人からすると、求めない支援者がやってくることに対する抵抗感は大きいものでしょう。家族の相談をもとにしてかかわろうとすると、家族の味方で自分にとっては敵とみなされる可能性もあります。そういった状況もあり、まずは家族関係からかかわることも少なくありません。家族と本人の関係性をもとに、少なくとも本人の思いを中心にかかわる姿勢が伝わるように意識し、比較的関係の良好な他者がいるようならば、そこから紹介してもらうことなども考えます。また、保健・医療のかかわりの中から、保健師の訪問に同行する形で、出会っていくこともあります。

医療とのつながりですが、ひきこもる若者の中には二次的に精神疾患があり、医療機関を利用する方も少なくありません。その場合は、本人の思いとともに医療機関の見解も確認しつつ、支援を進めていくことになります。また、軽度の知的障害・発達障害のある方もある一定数いるため、障害に関するサービスの利用を進めていくこともあります。

モデルケースでも書きましたが、多くの場合は支援コーディネーターとの二者関係の次のステップとして、何らかの活動につながることがよくあります。一対一の二者関係はベースにはなりますが、そこに限界もあり、グループの中でこそ得られる経験があります。支援プロセスでは、居場所が重要だとよく言われます。ただ、居心地のいい空間を提示することは大切ですが、中には居場所に定着して、そこから次に進めないという話を聞くこともあります。そう考えると、その場をベースに、本人が別の場所でも関係的な居場所を作っていけるようになることが重要なのではないかと思っています。私としては、安心できる空間で、人とのかかわりを経験し、自己を振り返る機会を持ち、自分なりのチャレンジができ、その場やそこでの経験を基にしながら、次につながっていくことができる場を、居場所と捉えています。実際に、参加する他者ともかかわりながら、さまざまな体験を通して、人づきあいにも少しずつ慣れ、次のステップに進んでいく姿をよく目にします。そのための場として、青少年活動センターや子ども若者支援にかかわるNPOで展開されている活動を利用していっています。

就労に向けて動こうと思う方は、就労準備のさまざまな事業や就労体験、場合によっては中間的な就労の場を利用しながら、就労に向かっていくことになりますが、それは次の出口にもつながっていく話です。

支援の出口と支援ネットワーク

支援にゴールや出口というものがあるならば、それはどのようなものなのでしょうか。若者が支援を必要とせずにやっていけるようになったときが、そのときだと言えるかもしれません。就労を求めるのであれば、就労後の安定というのがゴールになるかもしれませんし、修学を求めるのであれば、何らかの学校につながって安定することがゴールになるのかもしれません。そういった就くための支援、就いてからの支援を意識しながらかかわる必要があります。場合によっては余暇の充実がゴールになることもありますし、そのまま次の支援に移行するということもあるので、次の機関・団体とのつながりが必要にもなります。その際も、どこまで並行して支援するかということも、状態・状況にあわせて本人と決めていきます。

実際には、就学・就労の二つが多いのですが、就学や就労を考えたときに、従来のものでしんどい経験をしてきた方もいる中で、従来のものに戻していくことが本当にいいのか、それがその人にあっているのかという問いもあります。そして、場合によっては、別の新たな道を創造していく必要もあります。例えば、子ども・若者支援は39歳までが対象になりますが、年齢が上がっていくと就労に向かうことも難しくなってくる中で、親亡き後をどう生きるかという発想で状況を捉えることが必要となる場合もあります。個人的には、どのような出口に至るとしても、最終的にはその人なりにいかに幸福に生きていけるかということではないかと捉え、そのためのかかわりを意識しています。状況的にはあまり変化がないように見えても、その人なりに幸福感を持てるようになるならば、それは一つのゴールとなりうるのかもしれません。

支援とネットワークから

ネットワークの現状と課題

ここまで子ども・若者支援の実態を支援の流れと支援ネットワークとともに、述べさせていただきました。ひきこもる若者をめぐって多様な背景がある中で、ネットワークは多様な側面からの支援を考える上で必要不可欠なものです。そのため、支援ネットワークの枠組みが作られることはとても重要なことであるのですが、ただ枠組みを作ったからといって、それがすぐに機能するわけではありません。それが機能しなければ、連携はただの面倒なものに成り下がってしまう可能性もあるのです。まずは、枠組みをもとに管理職レベルでも担当者レベルでもつながりを作っていくことが必要なのだと思います。京都市の取り組みでも、最初は枠組みを意識して動きが鈍かったのが、枠組みに合わせて動くのではなく、実態に合わせて動こうとする中で枠組みが活きてくるようになってきました。そう思うと、枠組みをどう扱うかによって、ネットワークが機能するかどうか変わるのではないかと思います。それでも、かかわりの頻度や深さなど、構成する機関・団体によって差異があるのが現状の実態で、それぞれの機関・団体との関係を築きつつ、ネットワークとしての機能を高めていくためのかかわりを継続することが必要なのだと考えます。

　一方で、別のネットワークとの関係をどう持っていくのか。多分野横断のネットワークを作ったということは、既存の各分野のネットワークと重複する部分も出てきます。例えば、虐待等をはじめとする要保護児童にかかわるネットワークとして、要保護児童対策地域協議会、精神保健福祉にかかわるネットワークなど、すでにある多様なネットワークとの関係性があります。京都市では、もともとあった若者自立支援ネットワーク会議が、協議会と合わさっています。聞こえのいいネットワークですが、既存のネットワークとのすり合わせや、再編、連携も必要だとも思います。

ひきこもる若者に限らず、若者全般へのまなざし

　ひきこもる若者と限定せずとも、若者全般とのかかわりを考えたときに、必要なタイミングで、必要な支援を受けることができることが重要であることは言うまでもありません。そのためには、年齢をつなぐネットワークと分野を横断する支援ネットワークの2側面で機能しなければなりません。子ども・若者支援は、教育なのか社会福祉なのかと問われることもありますが、環境や社会にも働きかけながら対象となる若者に最善の利益があるように支援している側面があります。しかし、捉え方を変えると、若者が体験から学び、それを経験として成長していくことを支援している側面

でも捉えられます。そう考えると、両側面で捉えて取り組んでいくべきものではないかと考えています。子ども・若者総合支援は、教育的な支援であり、社会福祉的な支援でもあり、複合的な視点で捉えていく必要があるように感じます。ひきこもる若者を初め、生きづらさを感じている若者自身が成長し、社会とつながりながら、幸福に生活していけるようになるために、若者とともに考え、歩んでいけたらと思います。

最後に、人生は選択の連続だと捉えています。ひきこもるという行動にも選択があり、その意味があると考えます。最初からそこに意味を感じているかどうかはわかりませんが、結果的に捉えられる意味をもとに、選択していくことが重要なのではないでしょうか。そのために、若者自身が選択できる環境をつくっていくこと、目標とするものが最初はなくても、そういったものをともに探し、必要な情報を収集し、その選択肢を持ち、それを若者自身が選択していく。その経験から、選択できる力を得ていけるのではないかと思います。冒頭で、2年ぶりにやってきた若者からの体験談に触れました。成長は個人の中から起こるもので、そのタイミングは本人に委ねられているわけですが、そういった若者の可能性を信頼しながら、私たちは若者とともに考えたり、ときに立ち止まって振り返ったりするという支援を続けている気がします。

第3部　ひきこもり支援の方法を考える

第11章　ひきこもる子ども・若者の主体形成と支援
――不登校・ひきこもりへの実践的課題とネットワーク

春日井敏之

1　不登校問題の現状と政策動向

文部科学省の「学校基本調査」によれば、全国の小中学校において30日以上欠席をした不登校の児童生徒数は、１９９１年に欠席日数を30日以上として調査を開始して以降、その数は上昇を続け、２００１年の13・９万人をピークとして、12万人前後の高水準での横ばい状態が続いている。不登校の約８割は中学生であり、この特徴が顕著に見られると同時に、小学校における微増傾向にも歯止めはかかっていない。１９９１年から10年間でも児童生徒数が約三分の二に減少する中で、不登校の数は、６・７万人から13・９万人と二倍以上に増加してきた。ちなみに２０１５年の「学校基本調査」では、小中学校における不登校の児童生徒は12・３万人（長期欠席者は18・５万人）であり、小中学校でそれぞれ2千名の増加が見られた。これまでにも、さまざまな取り組みが教育行政、学校、家庭、地域、専門機関等で行われてきた中でのこうした状況を、どのように捉えていけばよいのか。問題は個々の児童生徒や家庭にとどまらず、学校や社会のあり様と大きく関わって起きている状況にあり、「どの子にも起こりうる」といった構造的な課題として捉える必要がある。

また、文部科学省の「児童生徒の問題行動等生徒指導上の諸問題に関する調査」において、２００４年からは、高等学校における不登校を含む長期欠席者の調査も行われてきた。２０１５年の調査では、不登校の生徒は５・３万人（長期欠席者は８・１万人）であり、この10年間は５・５万人前後で推移してきた。小中学校、高等学校の不登校は、計17・６万人（長期欠席者は26・６万人）にのぼる。この児童生徒の１～２割程度が長期化し、ひきこもりになっていくとされているが、むしろひきこもりの土台には、「不登校、経済的理由、病気、その他」という四つの区分を含む長期欠席者26・６万人の児童生徒の抱える困難な社会状況と生きづらさがある。なお、「不登校」は学校へ行けていないという状態を表わしているが、定義については、文部科学省による「学校基本調査」「児童生徒の問題行動等生徒指導上の諸問題に関する調査」における「何らかの心理的、情緒的、身体的あるいは社会的要因・背景により、登校しないあるいは登校したくともできない状況にあるために年間30日以上欠席した者のうち、病気や経済的理由による者を除いたもの」という定義を再度確認しておきたい。

１９９５年からは、同年に発生した阪神淡路大震災、前後して起こった少年事件、不登校の増加などへの支援として、中学校を中心に「スクールカウンセラー活用事業」が始まり、心理臨床的視点から教師へのコンサルテーション活動を軸に、子ども、保護者支援の試みが展開されてきた。２００１年からは補助事業としては地方自治体にゆだねられていった。小学校や高校への配置も進んでいるが、財政的な課題から週1回半日単位の細分化された配置も多く、雇用の安定性の確保も含めて課題は大きい。２０１４年に国の補助事業で配置されているスクールカウンセラーは、７３４４人となっている。

また、２００８年には、同じく文部科学省によって「スクールソーシャルワーカー活用事業」が始まり、虐待問題への対応を主眼として、福祉的視点からの学校、家庭、専門機関との連携、仲介、及び環境調整を軸に、学校と家庭への支援の試みが始まった。スクールカウンセラー導入時と同様に、全国１４１地域（各都道府県3地域ずつ）への配置が行われ、子どもの貧困、児童虐待などによる不登校への支援などが始まったところであったが単年度で終了し、以降の展開は補助事業として地方自治体にゆだねられることとなった。スクールカウンセラーと同様に、雇用の安定性の確保に加えて、人材不足が指摘されている。２０１４年に国の補助事業で配置されているスクールソーシャルワーカーは、１１８６人に留まっている。

２０１５年の中央教育審議会答申「チームとしての学校の在り方と今後の改善方策について」の中では、「国は、将来的には学校教育法等において正規の職員として規定するとともに、義務標準法において教職員定数として算定し、国庫負担の対象とすることを検討する」として、スクールカウンセラーやスクールソーシャルワーカーの専任化に向けての議論が行われている（義務標準法：公立義務教育諸学校の学級編制及び教職員定数の標準に関する法律）。

さらに、２００７年からは発達障害を含めて、障害をもつすべての児童生徒を対象とする特別支援教育が制度化され、「特別支援教育コーディネーター」担当教員が誕生し、発達障害を伴う不登校への支援などについても取り組みが行われている。しかし、新たな人的配置はなく、特別支援学級担任などが兼務するといった状況が生まれている。これらの政策には、制度的・体制的な不十分さもあるが、現場における協働の取り組みを通して、スクールカウンセラー、スクールソーシャルワーカー、特別支援教育コーディネーター等の役割や機能、今後のあり方について実践をふまえた議論をしていく必要がある。

2　ひきこもり問題の現状と政策動向

不登校問題に比して、文部科学省のひきこもり問題への関心は低く、長く実態調査はされてこなかった。しかし、内閣府主導のもとに、２００９年に「子ども・若者育成支援推進法」が制定された。子どもの貧困、若者のひきこもり、児童虐待等の問題状況を背景に、「子ども・若者が社会生活を円滑に営むことができるようにするための支援」（15条）について、「医療及び療育を受けることを助ける」「生活環境を改善する」「就学又は就業を助ける」等、6点を定めている。この推進法の施行と連動して、2010年に、厚生労働省と内閣府によって相次いで研究・調査が行われ、以下に紹介するガイドラインや報告書が出され、ひきこもり問題への取り組みも行われていった。

まず、厚生労働省からは、厚生労働科学研究「思春期のひきこもりをもたらす精神科疾患の実態把握と精神医学的治療・援助システムの構築に関する研究」の成果として、「ひきこもりの評価・支援に関するガイドライン」(2010)が出された。ここでは、ひきこもりの定義について、「様々な要因の結果として、社会的参加(義務教育を含む就学、非常勤職を含む就労、家庭外での交遊など)を回避し、原則的には6か月以上にわたって概ね家庭にとどまり続けている状態(他者と交わらない形での外出をしていてもよい)を指す現象概念である」と定め、「なお、ひきこもりは原則として統合失調症の陽性あるいは陰性症状に基づくひきこもり状態とは一線を画した非精神病性の現象とするが、実際には確定診断がなされる前の統合失調症が含まれている可能性は低くないことに留意すべきである」と補足している。ひきこもりの数については、厚生労働科学研究「こころの健康についての疫学調査に関する研究」における実態調査(全国11市町村の20歳〜49歳までの住民1660人に対する無作為抽出法による訪問調査を実施)のデータから推定して、25・5万世帯でひきこもりの子どもがいるとしている。

この「ガイドライン」は、研究テーマの制約もあり、精神医学の視点からひきこもりの分類を行い、治療と環境調整を提起している。すなわち、「第1群は、統合失調症、気分障害、不安障害などの精神障害と診断され、かつ発達障害を併存していない群」「第2群は、広汎性発達障害や知的障害などの発達障害と診断される群」「第3群は、パーソナリティー障害や身体表現性障害、同一性の問題などを主診断とする群」としている。ひきこもり支援についても、多次元モデルとして、次のとらえ方を提起している。「第一の次元：背景にある精神障害に特異的な支援」「第二の次元：家族を含むストレスの強い環境の修正や支援機関の掘り起しなど環境条件の改善」「第三の次元：ひきこもりが意味する思春期の自立過程の挫折に対する支援」である。

厚生労働省によるこうしたとらえ方は、ひきこもりの若者の一部を捉えていることは確かであるが、枠としては狭く、また支援モデルも個人の特性、発達課題、家族の課題に焦点化した提案となっている。

続いて内閣府からは、同年に「若者の意識に関する調査（ひきこもりに関する実態調査）報告書」（２０１０）が出された。ここでは、全国の15歳以上39歳以下の者５０００人に対して、無作為抽出法によって訪問調査が行われた。ひきこもりの定義については、「ふだんは家にいるが、近所のコンビニなどには出かける」「自室からは出るが、家からは出ない」「自室からほとんど出ない」に該当する者を「狭義のひきこもり」と定義している。そして、「ふだんは家にいるが、自分の趣味に関する用事の時だけ外出する」に該当する者を「準ひきこもり」とし、両者の合計を「広義のひきこもり」と定義している。ひきこもりの数については、狭義のひきこもりを23・6万人、準ひきこもりを46・0万人とし、合計69・6万人（1・79%）を広義のひきこもりとして推定している。ここでは、ひきこもりの状態になって6か月以上の者が集計され、統合失調症、身体的な病気、自宅で仕事、家事・育児と回答した者は除かれている。なお、厚生労働省と内閣府によって調査対象者の年齢などが異なるが、内閣府調査における狭義のひきこもり23・6万人と厚生労働省調査の25・5万世帯は、ほぼ一致すると論じられている。

この報告書において、ひきこもりになったきっかけについては、職場になじめなかった(23・7%)、病気（23・7%）、就職活動がうまくいかなかった（20・3%）、不登校（小学校・中学校・高校）（11・9%）、人間関係がうまくいかなかった（11・9%）、大学になじめなかった（6・8%）、受験に失敗した（高校・大学）（1・7%）、その他（25・4%）という結果が報告されている。大きくは、①職場、就職活動における挫折、②二次的障害も含めた疾患、③小学校から大学における不登校、人間関係といった課題を窺うことができる。特に、職場、就職活動における挫折は、計44・0%と高率を示している。政策動向の到達点として、内閣府は、これまでの厚生労働省と内閣府によるガイドラインや報告書の内容も含めて、『ひきこもり支援者読本』（2011）を作成している。

さらに、内閣府の『平成27年版 子供・若者白書』（2015）によれば、15歳~34歳の若年無業者は56万人（2・1%）、フリーターは179万人（6・8%）と報告されている。こうして概観した時に、小中学校、高等学校の不登校を含む長期欠席者26・6万人、若者のひきこもり69・6万人、若年無業者56万人、フリーター179万人、合計331・2万人という日本の子ども・若者の抱える困難な社会状況と生きづらさが見えてくる。こうした状況は、第二の誕生である思春期・青年期に、それぞれの発達課題をくぐりながら、自分の人生の主人公として主体的に社会生活のフィールドに根を張っていく機会の喪失であり、「社会とつながって自分を生きる」という人間として生きる権利の侵害として捉えていく必要がある。こうした視点から、問題に迫り取り組みを進めていくことが求められている。

3　子ども・若者、親の生きづらさと社会的環境

学校現場にスクールカウンセラーの配置が始まった1995年以降の20年間を概観しただけでも、バブル経済崩壊、受験競争、問題行動、児童虐待、貧困、発達障害、学力問題、不安定就労等、不登校やひきこもりの背後にある家庭、学校、社会といった子ども・若者を取り巻く社会的環境は厳しさを増してきた。子ども・若者の生きづらさは、努力が報われにくい社会という受け皿の狭さと、日常生活のなかで他者とつながりにくい孤立した人間関係にあり、不登校からひきこもりへと連続する課題や職場、就職活動における個別の課題を生み出してきた。高校、大学までは大きな挫折もなくしのいできたが、就職活動や就職した職場での挫折体験からひきこもりとなってしまうケース

が非常に多いことが、前述した内閣府の「若者の意識に関する調査（ひきこもりに関する実態調査）報告書」からも明らかとなってきた。

このような状況であるからこそ、子ども・若者たちはむしろゆっくり自分と向き合い、安心して保護者や友人等との関係を結びながら、社会のあり方を問い、社会とつながって生きていくことを模索しているのではないか。これは、多くの子ども・若者の願いであるが、とりわけ不登校・ひきこもりの子ども・若者への支援を考える際には、社会的環境の調整と思春期・青年期における発達課題としての主体形成、及び家族による支援環境の調整といった個々の課題への統合的なアプローチが重要になっている。

特に、小中学校、高等学校等の学校現場においては、子ども理解と取り組み方針を深めるケース・カンファレンスを重視して、支援の道筋の共有化を図っていくことは、支援者、被支援者双方にとって現代的な意味を増している。個々の課題と環境調整への取り組みは、不登校の数を減らすことに一喜一憂することではなく、不登校状態も含めて、そのなかで子どもが育つための支援を工夫していくことであり、そうした取り組みが結果として不登校の減少にもつながっていくと考えている。

また、高校や大学におけるキャリア教育、キャリア形成支援のあり方についても、狭義の進学・就職支援、スキルトレーニング等に矮小化するのではなく、人間としての生き方やあり方、社会的・

国際的な課題のとらえ方と解決のための方策、自分は社会とどのようにかかわって生きていくのかなど、簡単には答えが出にくい問いについてお互いに交流を深め、考えていくような取り組みがより重要になっている。

その一方で、子育てをめぐる保護者との相談の中で、自分も親から、暴力的な抑圧、過剰な期待といった対応を受けていたために、つい同じような対応を子どもにしてしまい、どうしていいのかわからないといった悩みを聴くことがある。この背景には保護者の育ちだけではなく、保護者たちを追い詰めていくような社会状況が存在している。

具体的には、①1990年代半ばから、政策的に進行してきた非正規雇用層の増加により、青年層と若い夫婦の過密労働や経済的な不安が増している（鹿嶋、2005）。②経済的な格差の拡大が、塾や習い事の密度、読書習慣、家庭学習の時間といった、家庭教育における格差の拡大につながっている（本田、2008）。③乳幼児期から、企業社会、学校という一元的な競争社会に家庭が巻き込まれ、学校的な競争において優位を占めようとする早期教育が煽られている（汐見、2000）。④早期教育のもとで「スーパーキッド」を目指してきた結果、ゆっくりと大人になる機会を奪い、薬物、性的行動、肥満など、子ども・青年の中に大人と同じ問題状況を派生させてきた（David,E, 2001）。⑤子育てにおける母親の孤立傾向が強まり、大人の子どもに対するパワーの濫用、誤用、不適切な使用によって、子どもが肯定的な自己評価と自立性の感覚とを剥奪される児童虐待が増加している（楠、２００２）、などの課題があげられる。

１９９０年以降の20年余り、象徴的にいえば効率性が追求され、比較と競争の能力主義に拍車がかけられる社会状況の中にあって、こうした環境で育ってきた子ども・若者たちが、その影響を受けながら保護者になり、良かれと思いながら子どもを追い詰めたり、逆に自己否定的な葛藤を抱えているような状況がある。その一方では、比較と競争の社会状況の中で必死に頑張ってきた若者たちが、就職活動や職場での挫折体験の中で息切れを起こしたり、生きることの意味を改めて問い直したりしながら葛藤を抱えてひきこもりになっている状況がある。これらの根っこは同じではないか。こうした点を見落とすと、周囲がよかれと思いながら保護者や若者を支援することが、また逆に追い詰めてしまうことになりかねない。教師、支援者等が、不登校・ひきこもりに対するネットワーク支援を進める際には、この点を十分に踏まえる必要がある。

４　第一の誕生から第二の誕生へ——社会とつながって自分を生きる

すべての子どもは、かけがえのないいのちと幸せになる権利をもってこの世に誕生している。しかし、自分の意思で時代や場所を選択して生まれてきたわけではない。このように、「第一の誕生」は受け身であり、与えられたいのちは、家族や周囲の援助がなければ危うい存在である。そんな危

う い誕生をした子どもが、 生きて成長できるのはなぜか。 子どもたちは、 あまり意識していないかもしれないが、自らがもって生まれた「いのちの働き」と家族や周囲の人々の「お世話（援助）」があったからに他ならない。 子どもたちは、 家族に 「迷惑をかけた」 のではなく、 「お世話」 になってきたのである。家族は、子どもにとって良かれと思いながら、様々なレールを敷き子どもを育てている。その正当性の根拠は、 「子どものいのちと権利・利益を守る」 ことにあり、 その限りで子どもにとっての 「守りの枠」 としての意味をもつ。 子どものいのちと権利 ・ 利益を侵害するようなかかわり方は、 家庭においては虐待問題であり、 学校においては管理主義教育 ・ 体罰問題となる。

また、 家族や周囲の人々の 「お世話」 になりながら育ってくるなかで、 子どもたちの心の中には、「できることで、 誰かを助けたい」 「誰かのために役に立ちたい」 といった人間としての素朴な願いが、 育っていくのではないか。 こうした人間的な願いがうまく育たなかったり、 育っているにもかかわらず発揮し合えなかったり、 機能していないとすれば、 どこに問題が潜んでいるのか。 ここに迫ることが、 困難を抱えている子ども理解を深め、 周囲の子どもたちも含めた取り組み方針を確かなものにしていく一つの切り口となる。

同時に、 子どもが誕生し出会った瞬間から、 保護者は子どもからエネルギーをもらっているのではないか。 子どもが目の前に存在していることが、 保護者の存在を励ましながら、 「かけがえのないこの子のために」 と自身の存在を意味づけ、 励ましてくれるのではないか。 つまり、 子育てという営みを通して、子どもとかかわっている家族や周囲の人々は、放電ばかりではなく、そこから充電もさせてもらっているといえる。「いのちの働き」は、自己の成長や回復といった機能だけではなく、周囲の人々のいのちと響きあって、他者の成長や回復を支える働きをもっている。ここに、人がつながって生きるということ、すなわち、「助けることで助けられている」双方向の人間関係の原点がある。不登校やひきこもりの子ども・若者支援も含めて教育、福祉、医療、看護などの分野で働き「対人援助職」と呼ばれる人々の多くは、「助けることで助けられている」ことを理論的・実践的に大切にし、相手の幸せや回復を願いながらともに生きることで、自身も幸せになる道を選択した真摯な人々なのではないか。

思春期・青年期は、受け身で誕生したいのちが、人生の主人公として主体的に社会とつながって生きようとするからこそ、「第二の誕生」と呼ばれる。先ほど述べた「誰かを助けたい」「誰かのために役に立ちたい」といった気持ちは、具体的には、「働くこと（職業選択）、愛すること（性と生）、社会参加すること（仕事以外等）」を通して実現に向けた模索が行われる。自分の人生の主人公になるということは、それまでに、家族や周囲の人々が、良かれと思って敷いてくれたレールをいったん相対化し、隣人、社会、世界へと視野を広げながら、自分のペースでしたいことにこだわって生きていくことでもある。これまでの自分も対象化し、「自分はどんな人間になりたいのか。何のために生きているのか。何を一番大切にしているのか。そのために何をするのか」などと問い直し、自身と向き合うプロセスを経て主体的な自己をつくっていくこと、つまり自己の再構築が課題となる。その土台は、幼児期から学童期、思春期の日常生活において、小さな自己決定の積み重ねが尊重される環境の中でつくられていく。ここで、自分のペースを自己決定していくこと、自己の再構築にかかわって、5年間不登校をしていた経験をもつ若者のあるシンポジウムにおける発言を紹介しておきたい（親子支援ネットワークあんだんて、2011）。

【A君（小5から中3卒業まで不登校。通信制高校のサポート校を卒業後、当時同校の大学受験コースで勉強中）】

不登校して一番よかったことは、マイペースにやれるようになったことです。休み始めたきっかけにもなったことなんですけれど、学校に行ってた頃は、人に合わせようとしすぎて、どんどんしんどくなっていってました。学校を休み始めてから、自分がやりたいことを選んで没頭したり、あるいは、飽きて他のこと探そうとしたり。そういうふうに自分で行動したり、あるいは休んだり、自分のペースを自分で決めることができるようになったことが、一番よかったことだと思います。それさえあれば、結構いろんなことをやっていけるんじゃないかなと思いますので、子どものこと信じてほしいなと思います。

改めて、学童期・思春期・青年期の区分に関して、発達課題に着目しながら次のように大まかに規定し確認しておきたい（春日井、2008）。

学童期は、親子関係をベースキャンプにしながら、遊びや学びを通して子ども世界を共有する友人関係の形成と、それに伴う自我形成などが発達課題になる時期である。特に、この時期の「遊びと勤労の体験」は、大きな意味を有している。遊びを通して友人と出会い、ルールを作ったり破ったりしながら、失敗つきの練習ができて排除されない仲間の中で、人間関係を結ぶスキルも身につけていく。また、勤労を通して、優れた技を持つ大人と出会い、あてにされたり認められたりする中で、子どもらしい誇りを育んでいく。主として、小学校の中学年・高学年がこれにあたる。

思春期は、青年期の中に含まれる一時期を指し、身体の成長を土台にした性の目覚め、親からの精神的自立の萌芽、友人関係を土台にした「自我形成と解体・再編・統合」などが発達課題になる時期である。友人、先輩、親、教師など自分にとって支えとなる共存的他者との出会いを通して、時には孤独に耐えながら、自分の中のもう一人の自分と向き合う時期でもある。主として中学生がこれにあたるが、小学校高学年から高校生にかけて、このような発達課題が見られることも少なくない。

青年期は、男女としての自己の受容、親からの精神的・経済的自立、職業能力の形成と進路選択、市民としての政治能力や社会常識の獲得などが発達課題となる時期である。広義には、中学生から高校生、大学生までを含む幅広い時期がこれにあたる。どのような形で自己形成を図り、「社会参加」を志向するのかが課題となる時期である。しかし、高校や大学卒業後の就職、結婚、出産、子育ては、必ずしも青年共通のライフコースではなくなりつつある。特に、1990年代後半以降の非正規雇用層の増加は、青年期を経て社会参加を志向する青年にとって、将来展望どころか現実の生活展望すら持ちにくい状況となっている。これに大学院進学などが加わり、社会参加を果たすことによって成人期に移行する青年期は、10代、20代前半から20代後半にまで拡大していると見ることができる。

5　孤立ではなく「つながって生きる力」を

文部科学省は、学習指導要領（小・中学校2008年改訂）総則のなかで、「学校の教育活動を進めるに当たっては、各学校において、児童（生徒）に生きる力をはぐくむことを目指し」として、知・徳・体のバランスのとれた力としての「生きる力」を強調している。ここで大切なことは、その中身である。一方では、先行き不透明で変化の激しい時代に適応していくために、企業、学校、社会では、効率性を追求し、生き残りをかけた比較と競争の能力主義に拍車がかけられてきた。したがって、「生きる力」の中身としては、「優秀層」に焦点化しながら、競争を勝ち抜くための力が求められてきた。その際、教師や保護者も、比較と競争から決して無縁ではなく、子どものために良かれと思いながら、自らも結果にこだわり、子どもたちを追い立て、追い詰め、その結果「孤立して生きる力」を求めているような傾向もあるのではないか。そのとき、「自立」という言葉は、人に頼らない、弱音を吐かないといった文脈で使われ、孤立して生きるためのエンジンに使われているように思われる。

もう一方では、先行き不透明で変化の激しい時代だからこそ、子どもたちは夢や希望が持ちにくかったり、荒れたり落ち込んだりすることも多い。ここで、私たちが大切にしたい「生きる力」は、お互いの弱みや強みも含めた存在そのものを認め合いながら、「つながって生きる力」にある。これは、子どもとの関係だけではなく、保護者、同僚との関係においても大切にしたいことである。

では、子どもたちはどんなときに、つながって生きていると実感することができるのか。そのためには、次の三つの人間関係が大切ではないかと考えている。一つには、誰かを助けてつながって生きるということ。二つには、誰かに助けてもらってつながって生きるということ。三つには、誰かと一緒に楽しいこと、やりたいことを目一杯してつながって生きるということである。気がついたら、そこにはがんばっている自分がいて、一緒にがんばった誰かが自然と友達になっているという学童期・思春期における原体験は、人生を支える太い幹にもなる。ここで、不登校の回復や「がんばる」ということの本質的な意味にかかわって、4年間不登校をしていた経験をもつ若者のあるシンポジウムにおける発言を紹介しておきたい（親子支援ネットワークあんだんて、2011）。

【Bさん：小学校6年から中学校3年の卒業まで不登校。2年間自営業を手伝い、大学入学資格検定（現在：高卒認定）取得後大学へ進学。当時大学4年生】

あのう、立ち直ったとか、おっしゃいますけど、立ち直ったわけではありません。行かなくなる前も、大学に行くようになった今も、私は私であることは変わりません。立ち直った、とか言われるととても腹が立つんですけども。じゃあ、不登校だった時の私はなんだったのって。それも私が必要だった時期だと思うので。

この国というのは、がんばることを美徳とするんですけれど、いやがんばらなくていいなと思って。がんばるっていうのは、自分で自覚してないんですよね、きっと。がんばる時には、自然にがんばるようにできてるんだなって思うので、子どもさんを、学校に行かそうとか、ちゃんと育てようっていうふうに、がんばるのではなくて、一緒に楽しもう、毎日楽しく暮らそうと思うほうがいいと思いました。

家庭や学校で求められる不登校への支援とは、繊細な子どもを改造して鈍感な子どもにするようなことではない。Bさんが述べているように、学校に行けてなかった自分と今の自分は、同じ自分としてつながっている。この時不登校への支援とは、子どもが、不登校をした意味を自分のなかで大事にしながら、むしろ自分の繊細さを大事にして、社会とつながって生きていくことを家庭や学校などが支援することではないか。

その際に、保護者、教師、支援者等が良かれと思ってしている支援と、子ども・若者自身の願いはうまく重なっているのだろうか。その際、双方の願いにはずれが生じていることを前提に真摯な気持ちになった時に、子ども・若者の声を聴くというところから双方向のコミュニケーションが生まれるのではないか。子ども・若者がどうしたいと願っているのか、答えがなかなか出ない時には一緒に考えよう。そのプロセスが、親子の関係も再構築していくのではないか。保護者、教師、支援者等は、ガソリンの切れた子ども・若者に対して、給油をしないまま「走れ！」と言ってはいないだろうか。

逆に、全面否定や嫌味や脅しなどによって、ガソリンを抜きながら「走れ！」と叱咤激励しているようなことはないだろうか。どのようにかかわることが、給油することになるのだろうか。

では、子ども・若者は、どんな時に自前のエンジンに自分の手でスイッチを入れるのだろうか。少なくとも、学校に行けていないこと、仕事をしていないことを責められたり、自分で責めたり、保護者に申し訳ないなどと思っているうちは、スイッチは入らない。私たちは、自分が窮地に陥った時、物事がうまくはかどらない時、様々な悪条件が重なり苦戦している時などに、家族や友人、職場の同僚などから、どんな声をかけてもらった時に、前を向くことができるのだろうか。どんな応援をしてもらった時に、否定したい失敗や過去を糧にして、未来の扉を開くことができるのだろうか。こんなところに、不登校・ひきこもり支援のヒントがあるのではないか。

6　多様化・複合化する不登校の背景・要因

不登校の背景・要因について文部省は、1992年の報告書「登校拒否（不登校）問題について」の中で、家庭や個々の課題に視点を置いてきたとらえ方を転換し、「どの子どもにも起こりうる」と初めて言及し、「社会的な要因」「学校の要因」「家庭的な要因」「子ども自身の要因」について指摘した。また、文部科学省による2003年の報告書「不登校への対応について」の中では、取り組みの視点として「将来の社会的自立に向けた支援」「連携ネットワークによる支援」「将来の社会的自立のための学校教育の意義・役割」「働きかけることや関わりを持つことの重要性」「保護者の役割と家庭への支援」の5点を指摘している。ここでは、虐待問題等を意識した初期対応の重要性と「心の問題」から「進路の問題」へととらえ方の重点の変化がみられる。学校教育におけるキャリア教育の推進と軌を一にする取り組みに視点が移されていった。

不登校の態様については、これまで様々な分類がなされてきた。たとえば、①神経症的不登校、②怠学傾向の不登校、③精神障害による不登校、④積極的・意図的不登校、⑤一過性の不登校などである（伊藤、２０００）。しかし、年々その態様は多様化・複合化している。

不登校の態様については、１９９０年代以降、大きくは、次の三つの傾向が錯綜して存在している。当然、取り組みの視点も一様ではない。一つには、保護者の期待に応えようとがんばりすぎてきた子どもが息切れしている不登校である。子どもはゆっくり休ませながら、保護者の不安を受けとめ支援していくことが大切である。二つには、虐待問題などを伴い子どもの意欲が枯渇している不登校である。子どもをゆっくり休ませるだけでは回復は期待できない。初期の段階から学校や教育行政・福祉・医療などの専門機関との連携による家族への支援を行ったり、子どもに働きかけ半歩前進の課題を設定して登校を促し励ましていくことが大切となる。三つには、問題行動を伴い、学校や家庭に居場所が乏しい不登校である。学校は服装・頭髪などで子どもを排除しないで、多様な居場所をつくりながら継続的に指導・支援し、生活や行動の改善を促していくことが大切となる。このように、自宅にひきこもっているのではなく、積極的な関わりや援助を保護者、教師、支援者、友人等に求めている不登校の子どもたちも増えている。

7　多様化・複合化するひきこもりの背景・要因

ひきこもり問題の背景・要因には、1991年のバブル経済崩壊以降から現在に至る経済再建のための財界、政界が一体となった雇用政策の転換が大きく影響を及ぼしている。具体的には、1995年に日本経営者団体連盟（日経連）が、「新時代の日本的経営」を提言し、バブル経済崩壊以降の雇用政策の転換に着手した。その中で、これまでの正規雇用労働者を「長期蓄積能力活用型」「高度専門能力活用型」「雇用柔軟型」の三つに分け、複線型の人事制度と労働市場の流動化を提案した。終身雇用制度、年功序列制度を撤廃し、スーパーエリート層、大学院卒専門職層を育成する一方で、不安定な大学学部卒以下の非正規雇用層を拡大していくという雇用政策への大転換がスタートし、政府の雇用政策にも反映されていった。教育現場では「ゆとり教育」路線のもとで、急速に「個性尊重、多様化、自己選択、自己実現、自己責任」といった指導方針が浸透し、政財界の人材育成においても強調されていった。

まさにこの時期、１９９０年代後半に、高垣忠一郎は、カウンセリングという心理臨床実践を通した若者との出会いの中から、当初「自己信頼感」（高垣、１９９１、１４８頁）として論じていた表現を「自己肯定感」と改め、次のような若者の事例を紹介している。「私は人にあわせることしかできない。あわせるのをやめることができない。あわせまいとすると、すごく意識的に努力しないといけない。それにあわせることをやめると、なにもしなくなってしまうのではないかという不安があります。人にあわせなくても受け容れてもらえることがあるというのは私にとっては推測で、私の体験している世界は、あわせないと拒否されて自分がなくなるという恐怖の世界です。他の人はそういう世界で生きているのではないらしいと推測できるだけです。あわせなくとも受け容れられることがあるって信じられません」（高垣、１９９９、74頁）と。このような心理臨床実践のなかから、「この人たちのこういう感じを、筆者は『自分が自分であって大丈夫』という感覚の欠如としていいあらわし、その『自分が自分であって大丈夫』という感覚のことを『自己肯定感』と呼んだのである。そういう意味では筆者はこの概念を、それを積極的にもっている人から引きだしたのではなく、それが欠如している人たちから引きだしたのである」（高垣、１９９９、75頁）と述べている。

ひきこもり問題の根底には、比較と競争の能力主義に拍車がかけられ、効率性や即戦力が求められるといった社会構造に起因して、子ども・若者の中に自己否定感が深く広がっていったことをあげることができる。また、斎藤　環（２０１１）は、内閣府子ども若者・子育て施策総合推進室が作成した『ひきこもり支援者読本』の中で、精神医学的視点からひきこもりのメカニズムについて、社会・家族・個人の関係性における葛藤構造としてとらえ、治療的支援として、「①家族相談、②個人治療、③集団適応支援」をあげ、その具体的な方法について丁寧に論じている。その際にも、教育政策、経済政策、その中における子ども・若者の主体形成の困難さと葛藤といった視点から、背景・要因について捉えていく必要がある。

8　自分の人生の主人公になるということ──自己否定感と自己肯定感を切り口に

ここでは、子ども・若者の強い自己否定感や自己肯定感の乏しさ、その捉え方はどこから来ているのかについて読み解くことから、自分の人生の主人公になっていくための支援について検討していきたい。自己肯定感について、高垣忠一郎の「自分が自分であって大丈夫という感覚」という定義をふまえながら、「あなたにとっての自己肯定感」について、大学の授業で学生に問うと返事はおおむね三つに分かれる。「私は自己肯定感が高い方です」「私は自己肯定感が低い方です」「私にはよくわかりません」である。最近、ある新任教員研修会で、同じような質問をしたときに、「私は自己肯定感が高い方です」と即答する教師が結構多いことに驚いたことがあった。「優秀」と称される若手教員や学生に共通する傾向としてみられるが、立て板に水のごとく自分をアピールすることには長けているのであるが、自分の葛藤や失敗を語ったり、そこを指摘されると極端に落ち込んだり、逆に攻撃的になったりしてしまうことともまま見受けられる。低いか高いかというとらえ方自体、自己肯定感を比較と競争のレールに乗せて、「競争的自己肯定感」として競っていることを意味している。しかも、高いか低いかといった比較は、相手によって容易に逆転する危うさをもっている。「私は自己肯定感が高い方です」と言う若手教員や大学生からは、刷り込まれたものであるかもしれないが、かけがえのない存在そのものよりも、期待される個別の能力における優劣へのこだわりの強さを感じる。

これは、一人ひとりがかけがえのない個性的な存在であるにもかかわらず、その一部の性能を切り取って商品化し、「あなたの売りは何?」と迫る「個性尊重」の文脈と軌を一にするものであり、現在の学校教育や教員養成の現場にもこうした流れが存在していることを意味している。自己肯定感が「高いか低いか」とこだわる学生たちは、他者に値踏みされ、自己を値踏みするなかで、二極化する傾向に流されていく。そのなかで、私はむしろ、「よくわかりません」という学生の応答に注目している。そのなかに、他者との比較と競争や様々な意味合いで使われている自己肯定感に違和感をもちながら葛藤し、自分の進路選択や生き方を模索しているような学生の姿をみるからである。

私は、教育や子育てにかかわる教師や保護者にとって重要なことは、子どもが、自分の人生の主人公になっていくことを、調子がいいときも悪いときも気にかけ、その時々に適切な距離を取りながら、いつも味方として応援していく、そんなプロセスを共有していくことではないかと考えている。たとえば、失敗してピンチに立ったり挫折した時に、否定されたり責められるのではなく、「あんたのこと応援してるで」「またがんばったらいいやん」「いつもあんたの味方やで」といった言葉や無言の励ましに出会うことの意味は大きい。こんな時に自前のエンジンにスイッチが入るのではないか。

これは同時に、子どもにとっては、安心して自分自身と向き合いながら、そこに自身の心と身体や体験等を重ねて、生きるための問いを暖め熟成させていく作業でもある。たとえば、これまで保護者や教師に喜んでもらうことを目標にして勉強や稽古事をがんばってきたような子ども・若者が不登校やひきこもりになり、「自分はいったい何者なのか」「どんな人間になりたいのか」「何のために生きているのか」「生きている意味はあるのか」「今、自分がしたいこと、大切にしたいことは何なのか」といった簡単には答えが出ないような人生の問いに直面し、誠実に生きたいと立ち止まってその問いと向き合っているような姿を見ることも少なくない。

9　思春期・青年期における自己形成——失敗や挫折したときこそ応援を

自分の人生の主人公になっていくということは、換言すれば、社会とつながって自分を生きる自己形成である。これは、自己犠牲的に生きることではない。乳幼児期において3歳頃を一つのピークとして芽生える自我の発達を土台にしながら、学童期にいたるまで、保護者や教師など、周囲の大人からの保護や育成といった受動的な人間関係のなかで形成されてきた自己のあり方を、思春期・青年期において一旦相対化し、自己、他者、社会との関係において能動的に再構築していく作業である。

思春期・青年期における自己形成という作業は、たとえば進路選択に向けて、保護者が良かれと思って敷いてくれたレールを相対化しながら、場合によっては保護者の期待に反してでも自分の生き方やあり方を自己決定していくという点で自立性を志向し、同時に親以外の他者や社会・世界とのかかわりのなかで関係を形成し、課題意識をもちながら自分の生き方やあり方を自己決定していくという点で協働性を志向するものである。私は、この二つの志向性は、自分が親や教師の期待に応えることができたか否か、進路選択や就職、恋愛などが自分の希望通りに実現できたか否かといった結果ではなく、人や社会とかかわって自分を生きるプロセスにおいて、その都度日常生活におけるささやかな自己決定を重ねてきたというところに重要な意味があると考えている。

そこに、背中を押してくれる保護者、教師、支援者、友人等、周囲からの応援があれば大きな支えにはなるが、たとえ人間関係で応援が乏しかったとしても、書物、音楽、絵画、アニメといった文化や四季折々に変化する自然などに支えられ、励まされて、自己決定をしていくケースは少なくない。いずれにしても、人間、文化、自然等を介して自分と向き合いながら、結果の成否を越えて、日常生活におけるささやかな自己決定を重ねてきた自分自身の存在自体が、自分を支える人生の幹となっていくのである。その積み重ねが、重大な人生の岐路に立ったとき、深い傷つきや挫折体験をしたとき、葛藤を抱えたとき等に、自分を支える土台になる。

学校の成績、部活動、行事、受験や進路選択などの結果において一定の成果を収めたときには、保護者も教師も、子ども・若者のことを評価する。「すごい、やったね」とほめてくれて、「お父さん、お母さんもうれしい」「先生もうれしい」などと付け加えてくれれば、自分だけではなく自分のことで喜んでくれている人々がいることが実感できて、子ども・若者にとってこんなにうれしいことはない。さらに「お疲れさま、ごくろうさま」とねぎらってもらい、「ひとやすみしな」と体験を振り返り休息する時間までもらえれば、自然と次に向かって動き出すエネルギーも湧いてくる。

その一方で、深い傷つきや挫折体験等を抱えて、エネルギーが枯渇して動けなくなったり、進学や就職など、自己決定したにもかかわらず思いと異なったり、結果が伴わず自分の存在自体を否定的に扱われたり、個々の性能を比較されて自分が否定されるような出来事に遭遇することも少なくない。しかし、そうした事態を「しゃあないな」と家族や周囲に受けとめてもらったり、「応援してるから、また次のこと考えたらいいやん」と支えられている子ども・若者たちは、自分の挫折や失敗も人生のなかに意味づけながら、「課題もいっぱいある自分だけど、まっ、いいか」「あっちがダメなら、またこっちで」と自己否定感から脱却していけるのではないか。無言の支援も含めて、このように挫折や失敗をそのまま受けとめて応援し続けてもらえる人間関係は、一定の成果を収めたときにほめてもらえる関係以上に重要である。

私自身の経験を紹介すると、高校のときに私の不注意でバイク事故を起こしてしまったとき、父が菓子折りを持って、相手の家を探して一緒に行って頭を下げてくれたこと。また、大学受験に失敗し浪人を決めたときに、黙って予備校の授業料を白い封筒に入れて渡してくれたことなどが、今でも強く印象に残っている。そうしたときには、言葉よりも、黙って一緒に行って守ってくれたり、応援してくれたりしたことが心に残っている。それは、私にとって、信じて赦してもらったという感覚であり、あえて言えば「大丈夫じゃないけど大丈夫」といった感覚にさせてくれる支援であった。私が高校生であった1970年代に自己肯定感という言葉はなかったが、教育や子育てという営みは、このような感覚を育てるために行うのではなく、具体的な教育実践や子育ての取り組みのプロセスのなかで、気がついたら身についていたような感覚ではないかと考えている。

つまり、教育や子育ての現場においては、子ども・若者に対して、生徒指導や教育相談などによって、自己肯定感それ自体を育てていくことが直接的な実践課題になるのではない。多くの子ども・若者のなかに内包されている自己否定感の強さに着目しながら、その背景には何があるのかを探り、社会的課題、発達的課題に対して、アプローチしていくことが求められている。人間、文化、自然などとの関係を通して、子ども・若者が、自分の人生の主人公になっていくために多様な環境を設定したり、興味や関心のあることを応援したりしながら、自己決定を応援する取り組みを構築していくことが重要ではないかと考えている。このとき、自己決定の応援には二つの意味が含まれている。一つは、環境設定、情報提供、一緒に行動するといったことも含めて、自己決定までのプロセスを応援すること。二つには、自己決定した結果の成否にかかわらず、応援し続けることである。

現実に存在する自己否定感の強さや自己肯定感の有無、および自己肯定感の高低へのこだわりを一つの切り口にしながら、子ども・若者への理解を深め、このような取り組みを展開することで、子ども・若者たちは自立性と協働性を志向する「自己決定」のプロセスを体験し、やがて自己否定感からも自己肯定感へのこだわりからも脱却して、社会とつながって自分を生きる、自分の人生の主人公になっていくのではないかと考えている。

10 研究テーマを「自己肯定感に関する一考察――自己肯定感というこだわりからの解放」とした大学院生のこと

学部時代は他の専攻で学び、大学院で教育人間学専修を選択し、「自己肯定感」を研究テーマにして私とご縁のあった男子学生がいた（朝倉、２０１３）。中学校の時に、「お前は、みんなから嫌われている」と同級生たちからいつの間にか排除されていたという体験をもち、それから「同世代の他者との人間関係においては、過度の緊張と恐怖を強いられるようになった」と話してくれた。大学に来てからも、孤立感を深めていった時期がある。あのときのように「『嫌われたくない』という思いから、他者の気に障らないように、失礼にならないように、迷惑にならないようにと、絶えず緊張しながら他者の顔色を窺っていた」というのである。その結果、高校では「いじられキャラ」を演じてきたが、大学の学部時代に読んだ高垣忠一郎の著書にあった「『自分が自分であって大丈夫』という言葉は、まるで魔法の言葉のように感じられた」と述べている。

修士論文を書き進むなかで、「今振り返れば、これまでも他者は意外と筆者に関わってくれており、筆者を受け容れてくれていたのではないかと思う。しかし、他者への不信感や警戒心によって張られた厚いバリアは、そのような他者の存在や他者からの関わりが、筆者の心に染みてくるのを阻害する役割を果たしていた」ということに気付いていった。そして、この厚いバリアを破っていくきっかけになった出来事、つまり「『他者は自分を受け入れてくれる存在なのだ』という他者への信頼感と、『自分は他者に受け容れてもらえる存在なのだ』という自己肯定感を回復していくことができたのは、この一、二年間の体験によるところが大きい」と述べている。

その出来事は、具体的には、大学院の関係者の前で大きな失敗をしてしまったことであった。「気遣いどころか意識まで失い、他者に自分の存在そのものを委ねてしまわなければならなかったのである。ところが、そのような情けない筆者に対しても、他者は関わり受け容れてくれていたのであった。それは、薄氷の下には凍えるような冷水が待ち受けていたのではなく、筆者を温めてくれる温泉があったようなものであった。言うまでもなく、この譬えは現実的にはあり得ない。しかし、薄氷を割ってみてはじめて、自他への信頼感が込み上げてきたのである」と述べている。

こうして、「他者と共にありながら安心して自分自身でいられるようになると、自分と他者の言動を反芻し、不安に駆られることも次第に少なくなっていった。そうすると、他者の方からの一方的な関わりだけを求めるのではなく、自分の方からも他者に関わることができるようになっていく。それは、筆者の方から他者に挨拶をしたり話しかけたりするといった日常の些細なことではあったが、筆者にとってはそのようなことでも飛躍的な進歩だったのである」と変化は続いた。このように、双方向の人間関係のなかにお互いの存在を意味づけて生きるという段階に至ったときに、「自分が他者に対して『どのように関わっていくのか』、『何をしてあげることができるのか』という、他者に対する積極的な関わり方を模索する方向へとベクトルを向けられるようになった」とまとめている。

そして、「筆者にとって、『自己肯定感』という言葉や概念は、もはや必要のないものとなっている。(中略) 筆者は、『自己肯定感』というこだわりからも『解放』されたのである」、「したがって、現在の筆者の心境や感覚は、必ずしも高垣が述べている『自分が自分であって大丈夫』という感覚ではない。（中略）より相応しいものがある。それは、『出会ってくれてありがとう。これからもよろしく』という言葉で言い表すことができるだろう」と結んでいる。

私はこの学生に対して、「あなたの『自己肯定感』へのこだわりは、どこから来てどこに向かおうとしているのか」などと問いながら、彼の体験を対象化し、人間関係や心の変化を辿りながら、研究室で何時間も語り合ってきた。これは、私自身への問いでもあり、自分の体験や人間関係や心の変化を辿るような時間でもあった。そのなかからお互いに、新しい気づきや発見が生まれていった。例えば、他者への信頼感と自己肯定感は、表裏の関係にあり一対のものであるということへの確信などである。

11　不登校・ひきこもりへのネットワーク支援のために

（1）学校教育の視点から求められるネットワーク支援

不登校・ひきこもりへの取り組みとその予防のために、支援ネットワークの形成にかかわるポイントとして、学校教育の視点から以下の点を強調しておきたい。

①アセスメント―子どもの発達課題、ＳＯＳの中身を把握し、学校と保護者で子どもへの共通理解を図る。②作戦会議―具体的な取り組み方針に関して保護者と一緒に作戦会議（懇談会）を行い、

学校と家庭でできることを役割分担する。③チーム会議（事例検討会）―子どもや保護者を支援し、担任を支えるために、校内で関係者によるチーム会議を開く。幼小中学校ブロックにおけるチーム会議も有効である。④専門機関との協働―スクールカウンセラー、スクールソーシャルワーカー、子ども支援センター、児童相談所、医療機関など、専門機関との連携・協働を図る。⑤学校改革―子どもにとって安心・安全・信頼の学校づくりという視点から、行事・授業・生徒指導・教育相談などのあり方を見直していく。⑥子育て支援―保護者全体に対する子育て支援の取り組みを、PTA・専門機関・地域などと連携しながら進める。⑦地域の居場所―児童館、青少年活動センター、公民館、NPO、地域団体など、校外での多様な居場所との連携を進める。⑧青年との連携・協働―大学や教育行政などが提携して、青年・学生と不登校の子どもが関わるボランティアやインターンシップの開発を図る。⑨進路選択の支援―中学・高校卒業後に課題となる進路選択（進学・就職等）への支援と情報提供の場を学校として継続的につくる。⑩ひきこもり支援―学校や福祉行政などが連携して、社会的ひきこもり状況にある青年の実態把握と地域での人間関係や就労支援、社会参加や就業の機会を拡充していく。

（2）当事者によるシンポジウムの発言から支援を考える

2003年京都市内に、不登校をキーワードに子育てを考えるグループとして、「親子支援ネットワークあんだんて」が誕生した。「不登校の親の会」としての交流から始まり、個別相談、不登校やひきこもりの当事者を含めた若者の居場所づくりや交流会、シンポジウム、出版等、活動は広がってきた。私は、当初からご縁を得て関わり続けているが、当事者等によるシンポジウムにおいて、何度もコーディネーターとして参加する機会を得て、その都度新鮮な気づきを得てきた。たとえば、2015年に開催された12周年記念シンポジウム「経験者が語る不登校・ひきこもり支援」にかかわり、4名の若者から課題を抱えながらも少しずつ回復してきたプロセスを伺うことができた。その時の発言をいくつか紹介し、不登校・ひきこもりへのネットワーク支援のヒントにしてもらえればと考えている。報告者は、いずれも20代の若者であった。CさんとDさんは女性の社会人であり、大学卒業後、それぞれNPOの若者支援や大学における学生相談にかかわっていた。E君とF君は男性の大学生であり、それぞれ臨床心理系の学部1年と大学院1年に在籍していた。

①小中学校・高等学校の頃のこと

Cさん

・高校のとき、担任が生徒からいじめられているのを見ていて嫌だった。

・進学校で勉強のことも息苦しさがあった。

・不登校になり留年、退学後、高卒認定を取得し大学へ。

Dさん

・中学校のとき、学級が荒れていた。いじめられて不登校になる。
・家にいられてほっとした。
・高校も荒れていて、いじめにあい不登校。退学後、高卒認定を取得し大学へ。
E君
・クラスや集団になじみにくく、幼稚園の頃から欠席していた。
・人に自分の思いを伝えるのが苦手だった。
・一年間の前半は行けるが、後半は欠席していた。単位制高校卒業後大学へ。
F君
・中学校のとき、担任の先生とのトラブルで行きづらくなった。
・高校は中退し通信制高校へ。
・大学受験のための予備校に5年間通い大学へ。その後、大学院進学。

②回復のきっかけ

Cさん
・学校にいけないということは、自分にとってはあり得ないことであったが、家族が「休んだらええやん」と言ってくれた。
・高卒認定もやりたいと言ったら、「やってみたら」と言ってくれた。
・家族が、そっとしてくれていた。家のことを頼んでくれて、「ありがとう、助かるわ」と言ってくれた。
Dさん
・あったかい雰囲気のスクールカウンセラーとの出会い。今の仕事につながっている。
・主治医が、「思い切って休んでみたら」と言ってくれたこと。
・高校中退後に行ったあったかいサポート校の先生との出会い。

E君
・小学校で別室登校していたときの先生との出会い。フランクで楽しかった。その先生に会いに学校に行っていた。
・中学校でのスクールカウンセラーとの出会い。
・高校での同じような経験をしている友人との出会い。
F君
・中学校で家にこもっているとき、友人が家に寄ってくれた。
・通信高校のとき、友人と毎日ゲームセンターに通っていたこと。
・釣りをしているとき、ボーっとしている時間がよかった。
・予備校の先生との出会い。よく声をかけてくれ、待ってくれていた。

③家族とのかかわり

Cさん
・車いすに乗ってでも学校は絶対に行こうとしていた自分だったが、遅刻や早退につきあい、ゆっくり休みと言ってくれた。
・ゲームにのめり込んだときにも、母は心配してのぞいていた。
・家族には申し訳ないと思っていたが、母が「元気にいてくれたらいい。ありがとう」と言ってくれた。
Dさん
・中学校で不登校になりかけた頃、「行け」と玄関に引きずり出されて、動けなくなっている自分がいた。
・高校を中退した後のサポート校の見学に、一緒について行ってくれた。したいことを応援してくれた。
・大事な時にそばにいてくれた。気持ちを受け入れてくれた。見守ってくれていた。
E君
・親は優しい方で、あまり怒られたことはない。一ケ月に一回くらいは、母から「学校に行かへんのか」と言われていた。
・「何を考えているのかわからん」と言われて辛かったが、それでも応援してくれていた。
・親に言えないことは、友人や先生に言えていた。
F君
・初めの頃、学校に行こうとすると朝トイレに行く自分に対して、母は「腹筋が弱いから筋トレしろ」と言っていた。
・母は、病院、宗教、漢方薬等、いろんなところに連れて行った。一回家で暴れて、バットで壁を割ったことがあった。
・予備校の時、「あんたと私の生き方は違う。あんたはゆっくり流れる川。あんたのペースでやったらいい」と母が言ってくれた。

④仕事のこと

Cさん
・不登校シンポジウムなどへの参加から、同じ思いをしている子どもとの出会いがあった。
・自分の経験を語ることで、何か役に立つのではないかと思った。
・様々なボランティアも経験し、自分は心理的な援助を通して、何かお役に立てることができればと思った。
Dさん
・中学校の時のスクールカウンセラーとの出会いが大きかった。お姉さん的な存在への憧れがあった。
・人を助ける仕事への関心があって、心理・社会福祉分野の大学へ行った。
・自分の経験を活かせる仕事を通して、誰かに返していけたらいいと思う。
E君
・学校にはほとんど行けてなかったが、スクールカウンセラーとの出会いが、憧れになった。臨床心理系の大学へ。
・誰かのために、何か少しでもきっかけになれたらと思う。

F君
・魚釣りが好きで、生物学への関心もあったが、お世話になった分の恩返しがしたいと思って、臨床心理系の大学、大学院へ。
・自分が不登校の時、味方がいなかった。よりそう一人になりたいと思った。

⑤自分の経験と仕事

Cさん
・自己分析をしたり、スーパービジョンをしてもらっている。
・言いたいことを言えないとモヤモヤしてしまうので、メモをしておく。後で見直して、言語化したり、面接に活かしていっている。
・すぐに「大変だったね」と思ってしまうが、「大変だったね」の一言で片づけないように、何がどう大変だったのか理解するようにしていきたい。

Dさん
・相手のしんどさを想像して共感しやすい。
・相手のしんどさに飲み込まれてしまうことがある。相手との境界線がなくなって、自分がしんどくなることもある。そんな時は、職場の同僚（上司）に聴いてもらう。情報交換も大切にしている。

⑥当時の気持ちと変化

Cさん
・「このまま人生終わりや。ずっとひきこもりかな、ニートかな」と自己否定の沼にズブズブとはまっていた。
・「休み」と親が言ってくれて、少し元気になっていった。ぬり絵、編み物、刺繍など、やりたかったことを全部してやろうと思った。

・できることが増えると、自己否定からの回復ができていった。嫌なことがあっても、「何とかなる。まっ、いいか」と置いておけるようになった。

Dさん

・いじめられて自己否定になっていた。私のせいだと自分を責めていた。

・今でも、周りに謝りたいと思っている自分がいる。

・でも、いじめを受けたことでは自己否定しないようになった。

E君

・初めのうちは、「自分だけ何で行けへんのやろうか」と思っていたが、だんだん学校にいけない自分に慣れてきた。

・学校にいけない自分を受け入れて、これでやっていこうと思うようになった。こんな感じで、無理しないでやっていこうと思っている。

・「小学校のしんどさと比べたらたいしたことない」と思えるようになった。

F君

・中学校から予備校の時まで、「こんなつらい思いをして、何で俺は生きているのか。生きている意味はあるのか」と思ってきた。

・今は、「あれだけ辛い思いをしてきたから、できることがあるかもしれない」と思っている。

⑦当時の自分にかけたい一言

Cさん

・学校行けなくなったくらいで、人生終わらへんで。まだ早い、先のことは先で考えたらいいよ。

Dさん

・そのままでいいよ。

E君
・だいたいのことは、何とかなるよ。
F君
・もういいよ。頑張らなくていい。

ここには、不登校からの回復プロセスにおいて、子ども・若者が願っている保護者、教師、スクールカウンセラー、予備校等の支援者や友人などからの支援のあり方について、率直な声が詰まっている。特に保護者や支援者が、学校に行けていない子ども・若者の存在をそのまま受けとめるところから、支援の扉が開かれていくことが、4名それぞれの語りから明らかになっている。また、不登校からひきこもりの長期化に向かわないための支援のあり方についても、本人が自前のエンジンにスイッチを入れるきっかけになったようなエピソードが語られている。支援を受けた子ども・若者が、進路選択、生き方の選択の一つとして、支援者になっていくプロセスやその際の課題、スーパーバイザーの存在の意味についても、体験を通して真摯に語られている。

文献

朝倉貴映「自己肯定感に関する一考察―自己肯定感というこだわりからの解放」、立命館大学大学院文学研究科修士論文、二〇一三年

David,Elkind. *The Hurried Child:Growing up too fast too soon.*2001,New York:Perseus Publishing.（デビッド・E 戸田由紀恵（訳）『急がされる子どもたち』紀伊國屋書店、二〇〇二年）
本田由紀『「家庭教育」の隘路―子育てに強迫される母親たち』勁草書房、二〇〇八年
伊藤美奈子『思春期の心探しと学びの現場』北樹出版、二〇〇〇年
鹿嶋 敬『雇用破壊―非正社員という生き方』岩波書店、二〇〇五年
春日井敏之『思春期のゆらぎと不登校支援―子ども・親・教師のつながり方』ミネルヴァ書房、二〇〇八年
楠 凡之『いじめと児童虐待の臨床教育学』ミネルヴァ書房、二〇〇二年
厚生労働省「ひきこもりの評価・支援に関するガイドライン」、二〇一〇年
内閣府「若者の意識に関する調査（ひきこもりに関する実態調査）報告書」、二〇一〇年
内閣府子ども若者・子育て施策総合推進室『ひきこもり支援者読本』、二〇一一年
内閣府『平成27年版 子供・若者白書』、二〇一五年
親子支援ネットワークあんだんて編『あんだんて七周年記念イベント 不登校経験者シンポジウム報告集「学校へ行かない日々をふり返って今」』、二〇一一年
斎藤 環「ひきこもりの心理状態への理解と対応」内閣府子ども若者・子育て施策総合推進室『ひきこもり支援読本』、二〇一一年
汐見稔幸『親子ストレス―少子社会の「育ちと育て」を考える』平凡社、二〇〇〇年
高垣忠一郎『揺れつ戻りつ思春期の峠』新日本出版、一九九一年
高垣忠一郎「自己肯定感を育む―その意味と意義」八木英二・梅田勝編『いま人権教育を問う』大月書店、一九九九年

第12章　長期・年長ひきこもり支援
——多元的支援への道

竹中哲夫

1　ひきこもる人の状態像と自由で多様な生き方を尊重する支援

（1）ひきこもる人の「生活像（状態像・症状）」

長年ひきこもっている人の「生活像（状態像・症状）」は、次に例示するような諸点で共通していることが多い。

①日常の暮らしが（長時間にわたって）おおむね自宅内、自宅周辺、あるいは、一人住まいのアパートの一室などに限定されている、②家族との関係が疎遠になったり、友人知人との付き合いが切れている（付き合いを避けている）、③宅配荷物を受け取らない、電話に出ない、手紙のやりとりをしない、④明るい時間帯に自由に外出することが苦手である。多くは夜間、コンビニなどあまり店員とやりとりしなくて住む場所で買い物をする程度である、⑤昼夜逆転の生活や不規則な生活リズム、適度な身辺ケアをしない生活に陥りがちである。

このような事情のため、周囲の人には、ひきこもっている人の「独特の状態像」が目につきやすくお互いに似通って見えることがある。また、このような「独特の状態像」は、全体として、若者らしい自由でのびのびした暮らしや行動とはかなり遠い印象を与える。ひとことで言えば、自由度に乏しく制約された印象を与える。

(2) ひきこもる人の「背景事情」と支援の方向

どのような「背景事情」によって、ひきこもる人の自由さに乏しい印象を与える「独特の状態像」が形成されるのであろうか。一部の当事者自身からの説明も含めると、当事者側の「背景事情」は多様であるが、代表的な背景事情は、おそらく次の例示のようである。

①人との付き合いなどを含む社会生活をしていないので生活リズムや服装などを気にする理由が乏しくなる、②人とあまり接触しないようにするため外出などの習慣や買い物などの生活スタイルが似通ってくる、③自分に対する不満や怒りのもって行き場がないので親・兄弟に八つ当たりする。さらに、④長い年月ひきこもっているために世間の生活の流れがだんだん遠くなり現実感がなくなり、人や社会に関する生き生きとした関心が薄れ、対人関係への不安や恐怖心が深まる。

このように、ひきこもることは、その人の成長・発達あるいは多様性のある人生選択の制約条件になりがちである。しかし、この人たちが再び社会(および多くの人)と接するようになると、社会や人々と自己の関係は多面的・千差万別であり、その多様な関係に対応するために、ひきこもっていた人の行動も多面性や個性を帯びてくる（隠れていた多面性や個性が発現する、あるいは新しい経験の蓄積によりひととなりが育っていくといってもよい）。このように「ひきこもるという状態像」は、その人の「ある時期の姿（現象・症状）」であり、その人の「ひととなり」の一部・一側面であるが全体像ではない。その人とつきあってみると、状態像・症状の背後に見えにくくなっている「その人のひととなり（持ち味・人生選択・人柄全体）」は個性的で多様性に富んでいることが分かる。そこで、「ひきこもり支援の目指すこと」は、「ひきこもる生活にともなう制約を軽減し、（地味であるか派手であるかには関係なく）その人らしい『豊かなひととなり・生き方・社会関係』が実現され、その人らしい生き方が築かれていく（自己形成が進む）ことを手伝うこと」といえる。このような取り組みが標題の「自由で多様な生き方を尊重する支援」の意味でもある。

2　長期・年長のひきこもる人の統計データの例示

本章では、長期・年長のひきこもる人を念頭に置いてひきこもり支援を述べるのであるが、まず、このような人たちの統計データを概観しておきたい。これらの統計から、ひきこもる人の長期・年長化の状況が読み取れる。調査の対象設定によって異なるが、ひきこもり期間は、およそ半数以上の人たちが5年以上に及んでいる。10年以上の人も少なくない。また、40歳以上の人がおよそ2割から6割に及んでいる。これらから、適切な支援がなければひきこもりは長期化しやすいということができよう。

表1　長期・年長のひきこもる人の統計データの例示

①ＮＰＯ法人全国引きこもりＫＨＪ親の会（２０１３）『「引きこもり」の実態に関する調査報告書⑩』（会員調査）：引きこもり本人の平均年齢33・1歳、30歳代約48％、40歳以上約19％、引きこもり期間平均10・5年、引きこもり開始年齢平均20・1歳。

②町田市保健所（２０１３）『若年者の自立に関する調査報告』：市内20歳～64歳を調査、本人または家族にひきこもりの人がいる5・5％（45名）、30歳代以上6割超（62％）、40歳代以上3割超（31％）。

③山形県子育て推進部（２０１３）『困難を有する若者に関するアンケート調査報告書』：民生・児童委員の回答部分：おおむねひきこもりに該当する対象者１６０７人、30歳代27％、40歳以上約45％。ひきこもり期間5年以上51％。

④島根県健康福祉部（２０１４）『ひきこもり等に関する実態調査報告書』：ひきこもり状態などの該当者１０４０人、30歳代21％、40歳以上53％、ひきこもり期間10年以上34％。

⑤知多市青少年居場所事業づくり実行委員会（２０１５）『若者の意識及び市民の若者に対する意識調査』：２０１４年9～10月の調査、40歳代出現率・ひきこもり期間：ひきこもり群Ａ（内閣府ひきこもり群定義を準用）40歳代57・2％、5年以上85・7％、ひきこもり群Ｂ（統合失調症や妊婦並びに家事・育児などを理由にひきこもり状態にある人）40歳代45・5％、5年以上45・5％、Ａ群＋Ｂ群：40歳代50・0％、5年以上61・6％。

⑥山梨県福祉保健部（２０１５）『ひきこもり等に関する調査』：民生・児童委員２３３７人へのアンケート調査：ひきこもり該当者数８２５人、年代回答あり８１８人：15歳～39歳まで３２４人（39・6％）、30歳代22・9％、40歳代27・5％、40歳代以上60・4％。ひきこもり期間5年以上60・2％、10年以上39・3％。

（西暦はいずれも報告書刊行年）

3　社会的視野について

現代社会では、ひきこもる人に限らず、若者の生きづらさが大きな課題になっている。不登校・ニートあるいは若年無業者・ひきこもり・その他の若者の困難の背景として、若者の就労上の困難（就職の難しさ、非正規雇用の肥大化）や貧困問題、労働現場における競争主義・成果主義、生活全般にわたる自己責任論の肥大化などが注目されかつ多くの関係者の間で共有されている。このような課題認識について、関係諸文献に学び、次のようにまとめておきたい。

現代の日本社会においては、青年期の自立を、これまでの時代のように、家庭・学校・企業・地域にゆだね、後は若者自身の自己努力や自己責任に任せるだけでは解決しないことが共通認識になりつつある。その背景としては、戦後の家族構造や地域社会の変化（いわゆる血縁、地縁社会の変化、少子高齢社会化）、働くことの内容の変化（日本型終身雇用制の弱体化、いわゆる社縁社会の変貌、非正規雇用労働者の増大、ブラックバイト問題など）などが指摘されている。学校から社会への接続も不安定化している。

そこで、現代社会において、青年期の諸課題は、社会福祉・社会保障の問題、教育保障の問題、精神保健福祉の問題、労働問題、貧困問題などの全てに渡って総合的・体系的・包括的に深く検討し、若者支援を構築する必要のあることが明らかになってきた。加えて、困難をかかえる若者の背景には困難をかかえる家族がある可能性が高いことに十分留意する必要がある（若者支援と合わせて家族支援の重要性を考慮しなければならない）。

4 長期・年長ひきこもり支援の基本的考え方

(1)「ひきこもり支援の独自の困難」について

ひきこもる人の一定数は、ひきこもり期間が数年以上に長期化しており（従って年齢も30代後半・40代に至ってることが多い）、たまに外出はするが、多くの時間を家の中で過ごし、家族に対しても必要最小限の（表面的な）関係しか持たない。多様な社会資源や支援があってもそれを受け入れ活用する意欲に乏しく、拒否的にさえなる。この傾向は、ひきこもる人全体に共通するが、特に「長期・年長のひきこもる人」に顕著である。支援を拒否する傾向が顕著であるため長期間ひきこもっているとも言える。ここに「ひきこもり問題の独自の難しさ」「ひきこもり支援の独自の困難」がある。その特徴は次のようである。

家族・支援者の根気強い誘いにもかかわらず支援関係の形成あるいは相談室などを訪ねることが難しい。支援者の訪問サポートを受け入れないばかりか、支援者からの手紙・葉書を拒否したり、

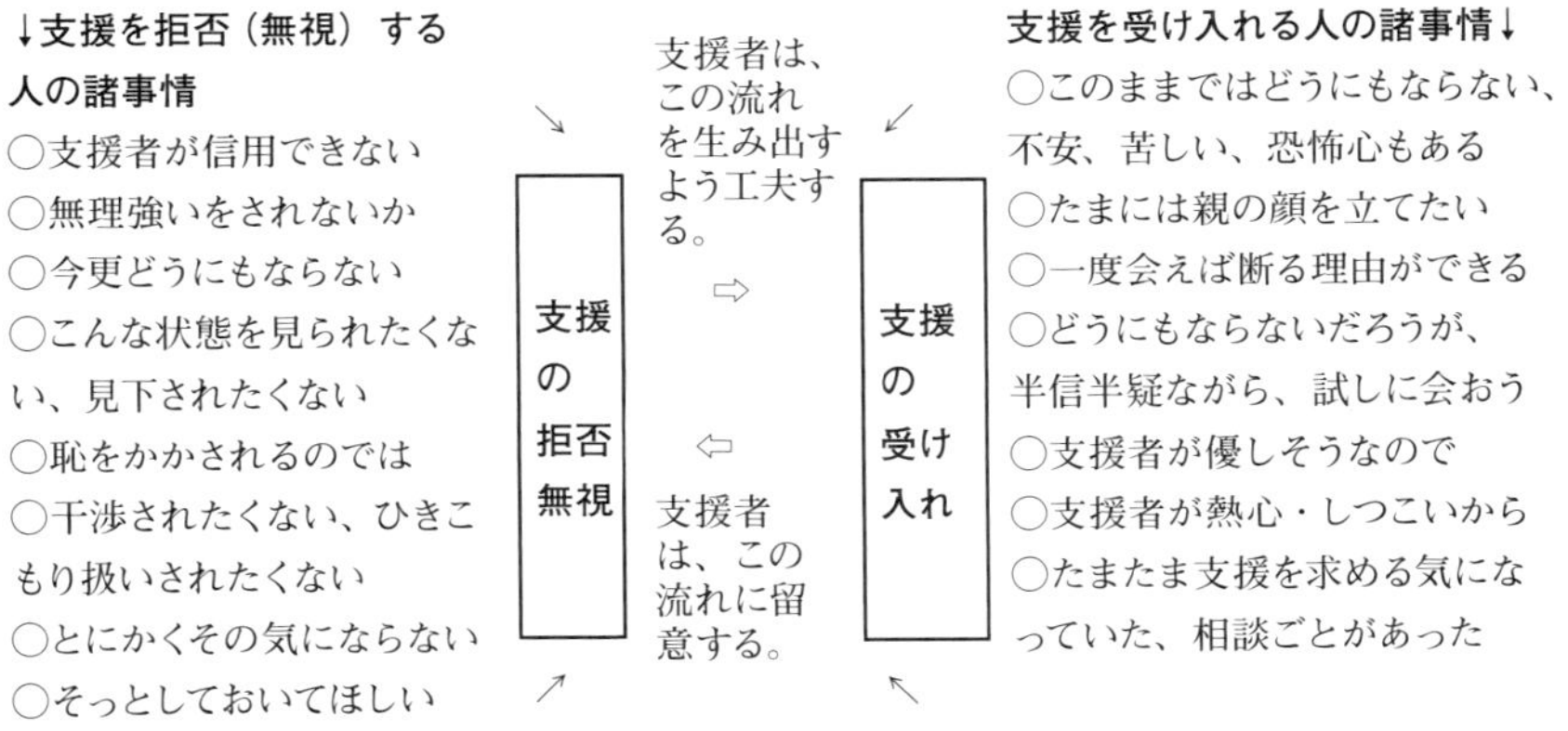
↓支援を拒否（無視）する人の諸事情
◯支援者が信用できない
◯無理強いをされないか
◯今更どうにもならない
◯こんな状態を見られたくない、見下されたくない
◯恥をかかされるのでは
◯干渉されたくない、ひきこもり扱いされたくない
◯とにかくその気にならない
◯そっとしておいてほしい
支援者は、この流れを生み出すよう工夫する。
支援の拒否無視
支援の受け入れ
支援者は、この流れに留意する。
支援を受け入れる人の諸事情↓
◯このままではどうにもならない、不安、苦しい、恐怖心もある
◯たまには親の顔を立てたい
◯一度会えば断る理由ができる
◯どうにもならないだろうが、半信半疑ながら、試しに会おう
◯支援者が優しそうなので
◯支援者が熱心・しつこいから
◯たまたま支援を求める気になっていた、相談ごとがあった

図1　ひきこもる人との支援関係形成の難しさ

手紙が届いても読もうとしない事例もある。その意味では、訪問サポートや手紙（サポート）を受け入れ（返事も書ける）、さらに進んで多様な社会資源（相談室、居場所、作業所など）を利用するようになれば、ひきこもり支援は「一つの大きな山」を越したことになる。

（2）「長期・年長のひきこもる人」との支援関係形成について

ここで長期・年長のひきこもる人が、支援を拒否する事情と支援を受け容れる諸事情を提示する（図1参照）。支援関係形成には多くの困難が伴うことが実感されるであろう。

（3）ひきこもる人へのゆるやかな支援目標

ひきこもる人への支援をはじめるに際して、特定のゴール、特定の支援目標（就労、進学など）を定めることは、ひきこもる人の現実に適合しないことが多く、か

えって脅威になったり、それでなくても難しい支援関係の形成を阻害することになる。その人の現在の状態像、その人の複雑な思い、その人がおかれた環境によって支援目標は異なると考え、本人の同意（自己決定）を確かめながら柔軟にゆるやかな支援目標を設定する必要がある。

表2に、「ゆるやかな支援目標」または「今よりも少しでも自由になるための支援目標」を例示する。ゆるやかな支援目標が部分的にでも達成できたときは、ともに喜ぶことが大切である。このような対応は、ひきこもる人が人生に意欲と希望を持つことにつながる。

表2　ひきこもる人へのゆるやかな（今より少し自由になる）支援目標

①極端な抵抗や不安なしに、家族との交流ができる。
②日常生活の中に小さくても楽しみを見つけることができる。ペットを飼う、パソコン、新聞、テレビ、音楽を聴くなど多様な方向に少しでも楽しみを見つけることは大切である。こうした楽しみを発見できるよう支援する。
③極端な抵抗や不安なしに、同居の家族以外の一人（できれば二人）と交流ができる。
④極端な抵抗や不安なしに、友人（異性も含む）や知人と交流できる。
⑤極端な抵抗や不安なしに、ある程度自由に地域社会との交流（買い物、公共機関の利用、居場所・当事者会への参加、趣味のグループへの参加、デイケアへの参加など）ができる。
⑥極端な抵抗や不安なしに、また、短期間であっても何らかの仕事（家事手伝い、家業手伝い、ボランティア、アルバイト）ができる。〝ちょい働き〟の勧め。
⑦健康管理上・生活維持上必要な対応（入浴、着替え、散髪、自室掃除などを含む）をとる。医療機関、福祉機関などを訪れ、自己の状況を話し、可能な援助を求める。

5　ひきこもる人の多元的支援の考え方と実際

(1) 多元的支援の考え方

本章では、ひきこもる人の支援において**「多元的支援」(多面的支援)**の考え方をとるが、筆者考える具体的な内容は次の通りである。

支援者(および子どもの支援をする親・家族)は、固定された支援方法ではなく、①多様な支援方法(対面的相談支援、訪問支援、居場所による支援、グループワーク支援、家族会などによる支援、親・家族・友人などによる支援、就労準備支援、就労体験支援、ライフプランに関する支援など)を、②状況に応じた多様な支援回路(アプローチの仕方・コミュニケーションの持ち方:手紙、メール、対面会話、散歩その他)により、③創意工夫を活かし、④支援ネットワークを活用し、⑤同時並行的かつ長期的に取り組む。

(2) 多元的支援の諸方法論

多元的支援においては利用可能な諸方法を選択的に活用する。ここでは、その場合の方法論を幾つか紹介する。

表3　ひきこもる人のアセスメントと長期・多元的支援のイメージ

ひきこもる人の個別の諸事情（ひきこもり状況）の例示 **ーアセスメントー** その人を知る、支援ニーズを知る 可能な支援内容の例示 **ー多様な支援方法ー** どんな支援方法があるか	**状態像**（右の諸要素の全体的まとめ・関連づけ）	年齢、性別、ひきこもり期間など	精神医学的診断	家族状況（高齢化、経済問題など）	健康度（生活力・社会生活力・希望など）	困難度（不安・対人関係困難など）	地域特性、学校・職場環境・社会資源状況など
①家族・本人カウンセリング、訪問サポート、手紙サポートなど	（支援目的、支援方法、関与する支援者、支援の場、支援期間など） 必要かつ可能な支援方法の選択 支援方法の組み合わせ **ー支援実践ー** **ー支援評価ー** （何をなしつつあるのか、何をなしえたのか） 支援の経過・課題 各支援の効果・課題 諸支援の総合的効果・課題						
②家族・本人支援ソーシャルワーク、親の会、兄弟姉妹の会など							
③居場所・当事者会・軽作業体験など							
④就労準備支援、就労支援（職業紹介、ジョブコーチなど）							
⑤精神科的治療（精神療法・精神科デイケア・入院・訪問看護等）							

アセスメントと支援方法

ひきこもる人の支援においては、その人の状態像や思いをよく把握し（アセスメント）、状態像や思いを踏まえた支援方法を選択する必要がある（表3参照）。特に長期・年長ひきこもり者支援においては、総合的な（多様な）支援を長く継続する必要がある。

長期・年長のひきこもる人との支援関係形成

長期・年長のひきこもる人とは、多くの場合、容易に支援関係を形成することができない。支援関係の形成と維持が難しいから、ひきこもりが長期化したともいえる。支援者は家族と協力し合い、様々な工夫をして支援関係の形成を図る。筆者の場合、特殊な対応ではなく、次のように常識的な対応を根気よく続けることにしている。

①親を介して来所面接や訪問の受け入れを要請する。

具体的には、次項で述べる「**間接的対話法**」の活用、手紙・メールを届けることにより、本人から交流の了解を得る努力をする。手紙が無理なら、支援者と親とのスナップ写真なども活用する。
②時間をかけることが基本である。半年、1年、2年以上の働きかけが必要になる。
③特定の支援者からの働きかけだけでなく、異なる年齢、性別、趣味などの人と交代する（あるいは併行支援）こともある。「支援チーム（ミニサポートチーム）」を活用することも望まれる。「**ミニサポートチーム**」とは、2、3人の支援者がチームで役割分担をしつつある当事者を支援する方式である。
④こうして、柔軟に、粘り強く、本人と交流できる回路・時期・機会を探す（待つ）。
⑤親・家族も様々な意味で悩んでいる。長期・年長ひきこもり支援の多くの部分は親・家族の支援であると考えて、親家族と共同で本人を支援する支援体制づくりを進める。

間接的対話手法の活用

長期・年長のひきこもる人は通常自ら相談に訪れることはない。筆者の場合、「家族を介して本人に働きかけ対話する方法」である「**間接的対話手法**」を活用している。要点は以下のとおりである。
①支援者の何らかの意図・希望を、親を介して本人に伝える。
②本人の回答・本人の思いは、親を介して支援者に伝わる。

図2　親子間の適正距離（ほどよい距離）について

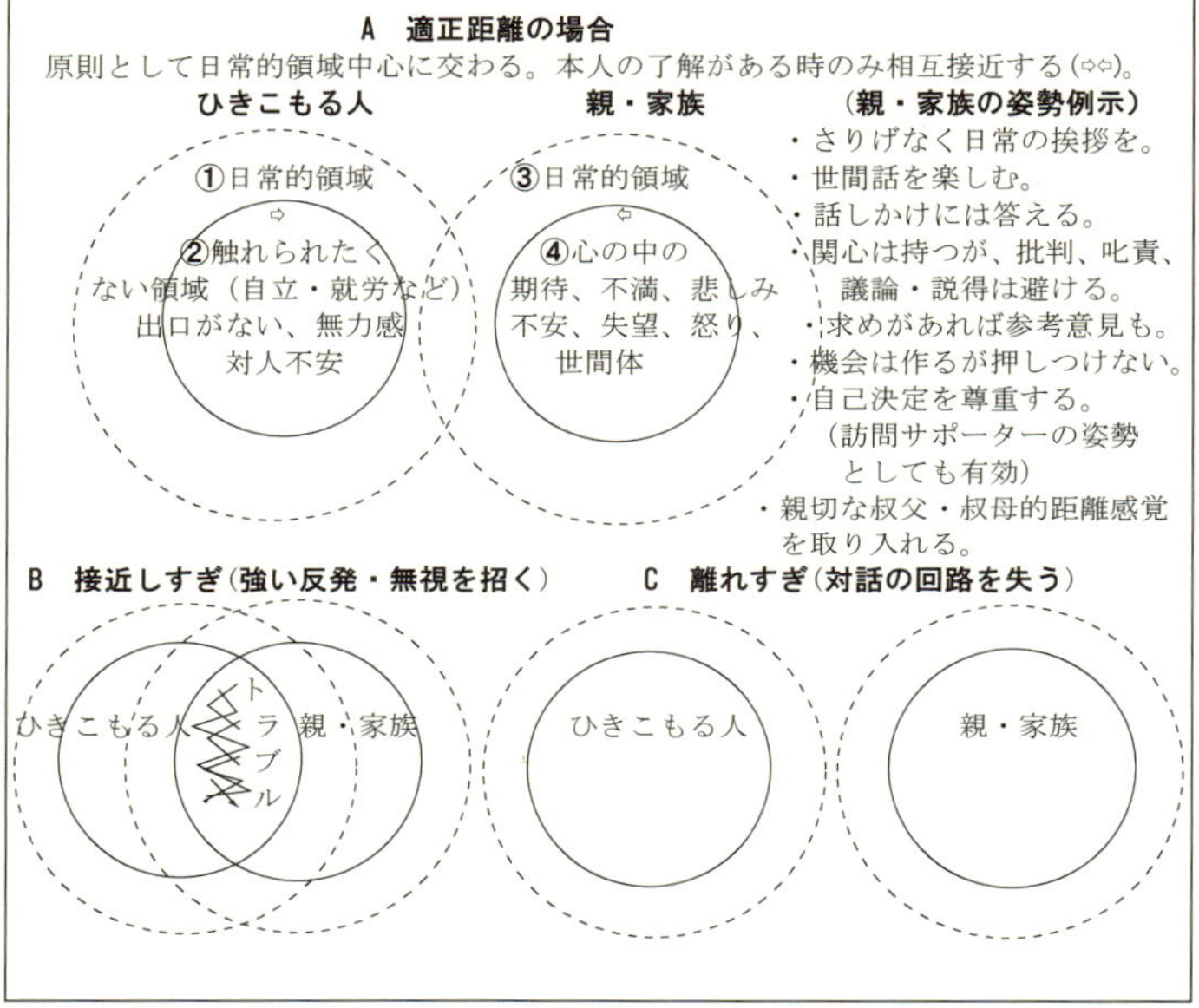

③この循環する回路により、間接的対話が成立する。

④親には、（特に親子の間がしっくりいっていない場合）支援者の意図を解説（支援者に代わって代理回答）せず、仲介人に徹してもらう。

⑤支援者の伝言は、「文通をしたい」「訪問したい」「相談室で会いたい」などである。

この方法は、かなりの時間（年月）がかかり、確実な方法でもないが、1、2年後に本人が面接に訪れたり訪問を受け入れることもある。

親子間の適正距離（ほどよい距離）を基礎にした支援

ひきこもる若者の支援においては、彼ら（彼女ら）が、（実際に大人としての行動をしてるかどうかとは別に、あるいは大人としての行動ができていないからなおさら）、大人として認めてほしいという思いをもっていることを踏まえ、親子の間でほどよい距離を取る必要がある。これが**「親子間の適正距離」**である（図2参照）。

特に長期・年長のひきこもる人は、ひきこもり期間が長く年齢が高くなるにつれて、自分が「大人である（ありたい）」という思いと「実際の自分の達成状況」との間の乖離が大きくなっている。それは、「彼自身の達成状況」と「親の期待」の乖離でもある。親は我が子の「触れられたくない領域（②）」に深い関心がある。しかし、ひきこもる息子（娘）は、ここ（②）だけは触れられたくないと拒否したり、怒りを爆発させたりする。

このような場合、親が、本人とほどよい関係を維持することが重要な課題になる。触れば痛む（双方が傷つく可能性がある）距離（B）に無理に接近せず、さりとて、思いあまって突き放す（C）こともしない距離である。「付きすぎず、離れすぎずのほどよい距離」（A）である。試行錯誤をしつつ、この距離を探り当てると親子の関係が安定することが多い。

家庭訪問サポートについて

筆者が考える「訪問サポート（特に方法論）」の概要は次の通りである。なお、筆者の場合、訪問活動は筆者自身か少数の協力者に依頼して行っている。

①訪問サポートの主目的（主対象、主形態）は、なかなか自宅などから出られない（相談機関や

居場所などに来訪・来所できない）ひきこもる人の家庭を訪問し、ひきこもる人本人を家庭や近隣において支援する活動である。

②本人が相談施設や居場所などに来訪可能になった場合は、徐々に本人来訪型の支援に切り替えていくことが望まれる。

③訪問しても、ひきこもる人と会うことが難しい場合（あるいは家族が相談施設などに来訪できない事情がある場合）、家族と支援関係を結ぶために訪問を行うことがあるが、これは副次的な活動である。原則として、訪問サポートの対象はひきこもる人本人である。

④訪問の開始以前の取り組みを大切にする。ひきこもる人の支援を目的とする訪問には、「同意に関するルール」を設定することが望ましい。「同意ルール」は、「説明と同意のルール（インフォームドコンセント）」と言い換えてもよい。「同意ルール」には、「同意する」ことだけでなく「不同意」を尊重することも含まれている。

⑤特に長期間ひきこもっている人においては、訪問の受け入れ依頼に対して「積極的同意（歓迎）」はまずないが、筆者の場合、少なくとも「消極的同意」（「来るなとは言わない」「こっちは話がないけど、来たいなら好きにしたらいい」など）を得ることが訪問開始の基本ルールである。

このような準備をしてもなお訪問受け入れに強い抵抗のある当事者の場合、「訪問時間は5分程度にします」とか、「玄関先で挨拶をするだけにします」など訪問の条件を緩和する（本人から見るならば、受け入れたくないという抵抗感を少しでも和らげる）ことも重要な対応になる。「短時間お邪魔して、なぜ訪問したいのかを説明するだけです」という柔軟な条件設定によって、ようやく訪問を受け入れる人もいる。いずれにしても、「この方法なら必ず訪問を受け入れてもらえる」という定石というものはないと思う。

⑥訪問サポートは中断することもある。その時の対応も含めて，本人への訪問サポートが実現した後も家族支援は継続することが望ましい。

居場所の意義とあり方

相談室での面接、訪問による面接などと合わせて、居場所における支援（個別相談、グループ活動による支援、自由な時間を過ごすなど）は、ひきこもり支援の重要な手法の一つである。ここでは、ひきこもる人を対象とする居場所の意義やあり方を検討する。

ひきこもる人などをメンバーとする居場所のあり方は、開設の経緯、運営する人、集う人、地域により多様である。当事者たちにとって、くつろぎ楽しめる、自分らしく居られる、良い出会いがある、望むならばより広い社会につながる機会もある開かれた場所としての居場所の増加が期待される。しかし、ひきこもる人の誰もが居場所を活用できるわけではない。ひきこもる人のなかで、そろそろ誰かと関わりたい、家以外に身の置き場がほしい、少し仲間と活動してみたい、などの思いを抱きはじめた人が、居場所に誘う対象者となる。ただし、居場所の情報を提供するだけで、しばらく対象者の中に興味・関心が育つのを待つ場合も多い。そのうち、本人が居場所に立ち寄ることも期待できる。「ぶらっと立ち寄る人」を自然に受け入れる仕組みがあることも居場所の大切な機能である。

ところで、長期・年長のひきこもる人は、支援関係を形成し、維持することが難しい人たちであり、居場所の利用においてもいくつかの課題がある。

①居場所に誘う前に、支援者（個別支援）との関係形成に長い年月を要する。

②居場所に出向くようになっても居場所での人間関係に抵抗があり、特に集団の中に溶け込むことが難しい。居場所の支援者との個別の関係を形成することがまず導入期の課題である。

③ひきこもる人は、自己評価や集団の中の位置づけに敏感であり、外見以上に悩んでいることがある。居場所に出向くようになってもその後相当期間、居場所での振る舞い方や集団関係の悩みを受け止める支援関係が必要である。

④居場所に出向くようになっても、従来の個別的支援を継続し、併行支援形態を取る必要があることが多い。

⑤以上のような配慮をしつつ居場所利用を進めるならば、長期・年長のひきこもる人にとっても、居場所は、他の支援手法では得がたい有効な取り組みとなる可能性がある。

6　ひきこもり支援において遭遇する多様な問題への対応——家庭内暴力の場合

ひきこもる人を支援する中で、多くの支援者は（あるいは家族は）、次のような諸問題に遭遇し適切な対応を求められる。

①家庭内暴力、②ひきこもる人と家族間の様々な争い・葛藤、③就労への対応が課題となる場合、④ひきこもる人の社会復帰が実現しないままに、親が高齢化した場合の対応としての「ライフプラン」の課題（ひきこもる人が暮らしていけるだけの生活資金の確保と生活資金を有効に使用できるようにする支援。筆者は「安心して生活していくためのプラン」と呼ぶことにしている）、などである。これらはいずれも大きな課題であり、それぞれ詳しく検討する必要がある。

以下に、①家庭内暴力への対応のみについてふれる（他の問題については、竹中：2014などを参照されたい）。

（1）家庭内暴力は、家族にとって大変なショックであり、恥ずかしいことに思われるため、家族の中だけで解決しようという気分にとらわれやすい。しかし、家族内で解決することは難しく、家族の外に応援を求めることが解決のきっかけになることが多い。

（2）「家庭内暴力」は、原因は何であれ、現象的には「狭い家族関係の葛藤の中で起こる暴力」

である。親も判断力を失い、場当たり的に対応することが多い。「初期的な家庭内暴力」の解決のためには、まず次のような対応が必要になる。

①暴力を甘んじて受けたりせず、暴力の被害を最小限に食いとめる。危険な時はとにかく逃げ出す。その場の感情に流されて、暴力に対して暴力で対応することは厳に慎む。感情に駆られて対応した後は気まずさと後悔にさいなまれることになる上に、親・本人いずれかの感情の暴発による最悪の事態（傷害事件など）を招く危険もある。

②家族の一員（通常母親、力の弱い弟や妹の場合もある）への暴力が始まった時には、残りの家族全員が集まって暴力を止めることが望ましい。ただし、母親を取り囲んで保護するのはよいが、本人を力で取り押さえることは、一層の反抗と怒り、暴力を誘発し、危険である。また、日頃、結束が乏しい家族においては、現実問題としてこのような場面で結束することは至難である。

③暴力が家族の手に余る場合は、信頼できる人（友人・親戚・支援者など）に事情を伝え、協力態勢をつくる。通常は、第三者が来訪するだけで（本人への説得はしなくてもよい）、初期の家庭内暴力はその場では止まるものである。家族とゆっくり世間話をして帰ってもらう。第三者の協力は、こじれてからではなく、暴力が始まって間もなくがよい。

（3）家族の避難について：手を尽くしても、長期間暴力が収まらず、家族が身の危険を感じる（実際に負傷することもある）場合は、辛い選択であるが、家族（特に暴力の被害者になりやすい母親、力の弱い弟や妹など）が一時アパートなどに避難する必要がある。実際に筆者が関わったいくつかの家族においても、アパートなどへの避難を助言するという危機介入的手段をとったことがある。本人が知っている別宅に避難する場合もあるが、避難した母親を捜し出すという面では、意外に行動的になる当事者もいるので、本人が知らない場所に避難することが安全である。この場合、避難の直後に、手紙、あるいは第三者を通して①②のように伝える。避難は適切に運べば、本人の成長につながる可能性がある。

①「あなたと家族双方にとって、あなたの暴力が危ないので避難せざるを得ない。あなたが二度と家族に暴力を振るわない、暴言も言わないと約束するならば、避難を中止する。」

②（特に本人一人が家に残る場合）「避難中もあなたのことを心配しているので、必要最小限の生活の世話はする。月々の生活費は送る（振り込み、あるいは他の人を介して届ける）。緊急と思う場合は○○さん（本人が一目置いている叔父さんなど）の携帯電話（親の番号は非通知）に連絡すること。家族が応対できない場合も○○さんが対応してくれる。」

③上記①②の他に、特に一人親家庭の場合、避難に先立って大切な物（現金、書類、通帳類）を持ち出す準備をする。この準備がないと避難後の生活で困惑することになる（避難は、衝動的にではなく、冷静に準備をして行うことが望ましい）。

避難すると、多くの場合、本人も頻繁に、怒り・脅し・哀願を含んだ電話を仲介者にかけてくるが、

「暴力・暴言をやめると約束することが帰宅の最小限の条件である」ことを伝える。避難期間は不定である。本人が折れてくる（妥協してくる）までに、2、3週間から1~数年もかかることがある。しかし、妥協することを学ぶことによって本人も成長することができるのであり、妥協に要する時間は、有意義な時間であると言える。

（4）その他の課題:家庭内暴力については、精神科病棟などへの入院という対応もある。しかし、入院については、関係者の見解が分かれるところであり、慎重な検討が必要である。入院は、本人の同意を得ることが難しく、同意なしの入院が退院後の家族関係を複雑にすることもある。また、ひきこもりの若者の状態を十分理解した入院後の対応が可能な病院を選ぶ必要があるが、そのような病院がどの地域でも確保できる現状ではないという難しさもある。

おわりに

まとめとして、長期・年長のひきこもる人の支援における支援者の役割についていくつか触れておきたい。

（1）本人および家族の長年の努力・苦労や今の思いをよく理解する必要がある。長期・年長のひきこもる人の親たちの多くは、ひきこもる本人にとって最も身近な「支援者」として、工夫を重ね、献身的な努力を続けてきた人たちである。

（2）ひきこもり支援は、本人の年齢如何に関わらず長期の支援を要することが多いが、長期・年長のひきこもる人の支援においては、とりわけ長い年月支援を継続することが求められる。個人の支援者には限界があるが、家族と協力し（共同支援）、支援者もチームをつくり長年月にわたる継続的・多元的支援を行う工夫と組織体制の整備が必要である。

（3）ひきこもり支援は、多くの部分で家族への支援を含んでいる。家族間葛藤の緩和の支援、ライフプランに関する支援も家族支援の重要な一環である。また、日常のひきこもり支援を家族と共同で行うことは、支援を家族任せ（家族のみの負担）にしないという意味でも、支援を支援者の一人合点にしないという意味でも、大切である。また、支援者が本人に会えない場合も少なくないが、その場合も、家族支援は可能である。家族との関係が維持できていれば、共同支援の道は残されている。

（4）支援者は短期の成果を期待せず、長年月、支援関係を継続すること自体に意義があると考えて、支援を行うことも求められる。本人および家族の双方あるいはいずれかが支援を望む限り支援は継続される必要がある。そのうち、大小にかかわらず、何らかの転機を迎えるかも知れない。「予期せざる幸運な偶然」に恵まれることもある。気の長い支援者は、40歳を過ぎた時期であっても働き始める人がいることを経験するかも知れない。

（5）長期・年長のひきこもる人の支援は、苦労が多く、目に見える成果が上がりにくい。しかし、ここで得られる知見は、より若いひきこもる人の支援に活用できるものが多い。その意味からも、年長者支援は、各年齢段階のひきこもり支援全体に寄与する取り組みであり、取り組み甲斐のある課題である。

（6）長期・年長のひきこもる人の「支援はどこで終わるのか（支援のゴールはどこにあるか）」ということについても触れる。多様な考え方があるが筆者の回答を例示する。

①その人に一人でも親しい人（気軽に連絡が取れる人、ＳＯＳを出せる人）ができること。

②短期間・断続的にでも働く（ボランティア活動、家業手伝いを含む）ことができること。

③当分の間、その人の暮らしが成り立つ生活基盤ができること（経済生活の安定・住宅の確保など有効なライフプランがある）。

④その人が何らかの形で生きる方向を探り、歩み続けることが期待できるようになること。

⑤ただし、支援が終わらないこともある（例：その人が長年家から出ることができず、家族以外の人との交流がない、あるいは、その人の社会生活が不安定で、支援が終わると、遠からずひきこもり状態に戻る傾向が強い、などの場合。このような場合、「終わらない支援：支援者は交代しても長く支援を続ける」という考え方も十分考慮する必要がある）。

突き詰めたところ、①〜⑤の状態などを見極めながら支援の終わり方（あるいは続け方）を慎重に考えるということになろう。

（7）現在のところ、長期・年長のひきこもる人に対して、こうすれば支援が必ず実を結ぶ（あるいは少なくとも支援者が直接的・対面的な支援関係を形成できる）という確実な方法は見当たらない。少しでも可能性のある（かつ安全な）方法を取り入れ、長い年月、希望を捨てることなく支援を積み重ねる（長期的・多元的支援）ことが肝心であろう。そのため、支援者は視野を広げ、少しでも支援に役立つ方法を探索することも大切である。

（8）長期・年長のひきこもる人の支援は、長期的になり、支援の進行状況が見えにくくなりがちである。そこで、支援の進行状況を判断する目安になる何らかの物差しが必要になる。ひとつの試みとして、別紙資料として「ひきこもり支援のための評定尺度（試案）」を添付した。

文献

斎藤　環『「ひきこもり」救出マニュアル（理論編）』『同（実践編）』ちくま文庫、二〇一四年
竹中哲夫『ひきこもり支援論』明石書店、二〇一〇年
竹中哲夫『長期・年長ひきこもりと若者支援地域ネットワーク』かもがわ出版、二〇一四年

社会生活の準備へ・家事手伝いなど	②ハローワークに行くなど将来に備えるために行動する。 ③居場所などの仲間と交流し、一緒にイベント活動、ボランティア活動を行う。	② A B C ③ A B C
8 断続的就労、他人と会話する	①断続的ないしは短期間、働くようになった。 ②相談室では、就労体験についての話題が出る。 ③友人・知人とたまに連絡を取り、会うこともある。 ④来客に応対する。短時間会話もできる。	① A B C ② A B C ③ A B C ④ A B C
9 社会生活安定化、社会自立へ進む	①やや長期間（1 か月以上）働けるようになった。 ②仕事先その他で、友人・知人ができ、時に交流する。 ③親しい友人が、１、２人できた。 ④社会的活動分野を徐々に広げている（スポーツクラブ、趣味の会などに参加する、地域のイベント開催に協力する、同窓会に出る、など）。	① A B C ② A B C ③ A B C ④ A B C
10 社会生活拡大から社会自立安定化へ	①親しい友人・知人と日常的に交流する。 ②数か月以上継続的に働いている。あるいは、専門学校等に就学して、継続的に通学している。 ③家族の相談に乗ったり、話題を選ばずに会話ができる。 ④必要があれば地域の会合、親族の冠婚葬祭の会合などに出席し、自主的に応答・応対をする。	① A B C ② A B C ③ A B C ④ A B C
特例的段階（ライフプラン構築段階）	①生活保護など福祉制度活用などのために行政窓口で相談・申請する（支援者に同行する）。 ②ライフプラン、サバイバルプランについて関心を持ち、親と話し合うなど、活用の準備をする（準備に協力する）。 ③最小限のセルフケアができる（衣食住生活、入浴、散髪、病気の時の通院など）。	① A B C ② A B C ③ A B C
評定時の本人や家族の状況（自由記載欄）		

（＊支援開始前：支援開始前のおよそ半年。支援開始後：支援開始後のおよそ 3 か月以内）

段階評定においては、A が 2/3 以上、または 3/4 以上であればその段階を達成したとする。なお各段階で、B 評定が２つ以上ある場合は、A 評定一つに換算する。

文献：竹中哲夫（2015）「ひきこもり支援における『支援方法論』と支援の『効果・成果』に関する考察」『福祉研究』108 号、日本福祉大学社会福祉学会.

別紙資料：『ひきこもり支援のための評定尺度（試案）』について

竹中哲夫（日本福祉大学心理臨床相談室）

ひきこもる人への支援は、多面的で長年月（大まかにいえば、1年前後~10年前後まで）の取り組みを必要とする。そのため今支援がどこまで進んでいるのかが分かりにくくなりがちである。以下の**「評定尺度（試案）」**は、支援の進行状況を判断するための一つの物差しである（詳しくは、竹中：2015 参照）。大まかなものであり、どの若者にでも応用可能というわけではないが（当てはまる項目がないなど）、一応の目安にはなろう。支援者は、家族･本人の話を聞きながら、また、家族は、我が子の状態を見るための一つの目安として利用することができる。ただし、この尺度は、一方向的に支援が進むことを前提としていない。実際の支援過程は行きつ戻りつすることを前提としている。また、この評定尺度は試案であり、今後随時書き換えることを前提としている。

『ひきこもり支援のための評定尺度（試案）』

評定時期（　　　　　）評定対象者（　　　　）　第（　）回目　評定者（　　　）

評定段階（各段階の特徴）		**評定項目（判断項目）** **注：①**支援開始前・支援初期（**1、2**段階）は、働いていない、通学していない、少数の友人・知人としか交流しないなど「継続的ひきこもり状態」にあることが共通特徴。**②1～10**の段階移行は、直線的に進むものではなく、行きつ戻りつすることが多い。	**該当（程度の）評定** A：ほぼこの状態に該当する。 B：その状態に近いが、持続的ではない。 C: 該当しない。不明。
1 家族拒否傾向	支援開始前・支援初期*	①家族との接点がほとんどない。 ②昼夜逆転や家庭内暴力・暴言などがある。 ③まれにしか外出しない（月に1回程度以下）。 ④家族以外の人との接点は皆無に近い。	①　A　B　C ②　A　B　C ③　A　B　C ④　A　B　C
2 家族と限定的接点		①家族との接点はあるが会話は乏しいか表面的。 ②限定的に外出、買い物などをする。 ③限定された人と部分的に交流する。 ④部分的にセルフケア（散髪、入浴、着替え、部屋の片付けなど）をする。	①　A　B　C ②　A　B　C ③　A　B　C ④　A　B　C
3 停滞期（探索期・準備期）半年～数年		①全般的に**1、2段階**の状態との違いが見えない。 ②支援者が、まだ、本人と直接的・間接的な支援関係を形成できていない（親が本人と有効な支援関係を持ち得ていないことでもある）。 ③親と支援者の理解・協力関係はできつつある。 ④本人の状態像と家族関係などの理解はできつつある。	①　A　B　C ②　A　B　C ③　A　B　C ④　A　B　C
4 穏やかな態度へ		①日常、何とか穏やかに過ごすことができる。 ②家族と日常会話ができる。 ③偶然、近所の人に会えば挨拶をする。 ④支援者の伝言などが何とか伝わるようになった。	①　A　B　C ②　A　B　C ③　A　B　C ④　A　B　C
5 楽しみを見つけ活動する、散歩・外出をする		①何か楽しみを見つけて取り組んでいる。 （楽しみの内容：　　　　　　　　） ②近所を散歩する。買い物ができる。 ③電話に出て用件を聞く。宅配を受け取る。 ④訪問支援を受け容れる。訪問支援者と会話し、質問する、助言を求める、こともある。	①　A　B　C ②　A　B　C ③　A　B　C ④　A　B　C
6 活動が地域に広がる、セルフケアができる		①少数であるが家族外の人と会い、話をする。 ②地域社会の図書館に行ったり行事に出かける。 ③医療機関に通院する。セルフケア（散髪、入浴、着替え、部屋の片付けなど）ができる。 ④相談室で継続的にカウンセリングを受ける。居場所に継続して出て、仲間との会話もある。	①　A　B　C ②　A　B　C ③　A　B　C ④　A　B　C
7		①家事・家業を手伝うようになる。内職をする。	①　A　B　C

第13章　ある親の会の歩み

櫻谷眞理子

はじめに

ひきこもりとは、単一の病気や障害の概念ではなく、状態を表す言葉である。厚生労働省は「仕事や学校に行かず、かつ家族以外の人との交流をほとんどせずに、6か月以上続けて自宅にひきこもっている状態」をひきこもりと呼んでいる。

これまで潜在化していた実態が明らかにされつつあるが、内閣府が平成22（2010）年2月に実施した「若者の意識に関する調査（ひきこもりに関する実態調査）[1]」によると、「ふだんは家にいるが、近所のコンビニなどには出かける」「自室からは出るが、家からはほとんど出ない」に該当した者（「狭義のひきこもり」）が23・6万人、「ふだんは家にいるが、自分の趣味に関する用事の時だけ外出する」（「準ひきこもり」）が46・0万人、「狭義のひきこもり」と「準ひきこもり」を合わせた広義のひきこもりは69・6万になると推定されている。

この調査では、ひきこもりの初発年齢は10代が33・9％、20代が42・4％、30代が23・7％となっており、20代にひきこもる人が最も多いことがうかがえる。なお、NPO法人全国ひきこもりKH

J親の会[2]が2013年3月に行った調査[3]では、初発年齢の平均は20・1歳となっている。このことは、不登校からひきこもりになる人がいる一方では、社会人として働いた経験を経てひきこもる人も多いことを示している。

ひきこもりといっても年齢や状態像も異なっており、ひきこもりになる要因やその背景も多様である。ひきこもりの長期化・高齢化も問題になっているが、そこにも様々な問題が横たわっている。

なお、ひきこもりの人には共通の特徴があり、過敏で傷つきやすいとか対人関係を構築する能力が乏しいといった指摘がなされるなど、個人の問題や責任にされてしまう風潮も見られる。もちろん、性格だけが原因でひきこもりになるのではないが、もしも、対人関係が苦手であることが要因の一つになったとしても、個人の責任にすることはあってはならないと思う。

過敏で、新しい環境に慣れにくいという気質の子どもがいるのは確かだが、その後の性格や人格の形成は生育環境の影響を強く受ける。子ども時代に異年齢で遊ぶ体験や自然の中で五感や身体を動かして遊ぶ体験を豊富にしていたら、過敏であることがプラスに働き、豊かな感性の子どもに育っていく。したがって、神経質で対人関係がうまく築けないと言うのであれば、本人の持っている資質をベースにより良く発達していく環境を整えることを怠った社会の責任を問うべきだと思う。

さらに、挫折を乗り越える力が弱いからひきこもるのだという意見を聞くこともあるが、これも見方を変えれば失敗や挫折を体験し、そこから学ぶことを十分に保障してもらえなかったといえるだろう。「みんな一緒」という言葉に象徴されるように、集団への協調性・同調性が重視される教育環境の中で育ったとしたら、失敗を恐れる子どもに育つのは必然であろう。一方、失敗しても再チャレンジすることが許される、また、選択肢がいくつも用意される教育を受ける子どもは、失敗や挫折を恐れる必要も無くなるだろう。

これらのことから、ひきこもりを個人の問題に帰すのでは無く、社会問題として捉えて総合的な対策を講じていく必要があるといえる。しかし、社会に流布しているひきこもりへのネガティブな見方や偏見は簡単には払拭されない。今でもひきこもりは社会からの脱落（ドロップアウト）だという見方も根強く残っている。したがって、突然学校に行けない、あるいは仕事に行けないといった状態になると、当事者も家族も苦しみのどん底に突き落とされることになる。「社会のレール」からはみ出すことは許されないと律儀に考える親たちは、学校や社会に押し戻そうと必死になる。筆者が関わった母親も、毎朝、泣き叫ぶわが子と格闘し、引きずって車に乗せようとしていた。しかし、学校に着くなりフロントガラスを割るほど暴れる姿を見て、強制するのは無理だと悟ったと語っていた。

子どもたちは自分を守るために、学校や社会から撤退せざるを得なくなったのであり、それを妨げる人には渾身の力で抵抗する。先のことを考えると、不安で胸が押しつぶされそうになり、自分が情けなくなる。こうした気持ちを親にはわかって欲しいと思うのだが、親にもその余裕が無い。

そればかりか、不安や焦りが高じて子どもを責めたり、叱責する人もいる。ひきこもり始めると、家族と顔を会わせることも言葉を交わすことも避けるようになる。夜の方が干渉されずにすむので昼夜逆転の生活を送るようになる人も多い。しかし、誰にも相談できないでいると、自傷行為を繰り返したり、うつ病や強迫神経症を発症することもある。やり場の無い怒りの矛先を親に向け、家庭内暴力を起こす人もいる。

このように、ひきこもりは家族をも巻き込み、親の生活や意識にも大きな変化をもたらす。親は子どもの一挙一動に気を配りつつ生活を支えようとする。しかし、緊迫した日々を送るうち、精神的な疲労が蓄積し、うつ状態になる親も少なくない。

こうした深刻な事態が家庭内で生じているにもかかわらず、社会的な支援を受ける機会は乏しい。こうした中、わが子を救う道を必死で探し求める親たちは、自助グループとしての役割を担う親の会を立ち上げ、一緒に学び合うようになっていった。今では全国各地に「親の会」や「家族会」が作られ、活動の輪が広がっている。

もちろん手作りの会なので月に1回集まるだけの所もある。しかし、親たちの安心が増し、心のゆとりが生まれることがうかがえる。また、子どもを叱責しても何も変わらないばかりか、かえって状態が悪化する恐れがあることに気付いたと語る親もいる。温かく見守ることで本人の状態が安定することを実感したと語る親もいる。これらのエピソードに見られるように、親の会に参加するようになったことで、好ましい変化が生じていることがうかがえる。

そこで、本章では筆者が参与観察を行った親の会を取り上げ、その経過を追いながら、親の考え方がどう変わったのか、子どもとの関わりにどのような変化が生じたのか検討してみたい。なお、プライバシー保護のため、事例を複合した箇所があることをお断りしておきたい。

1　A市の「親の会」について

(1)「親の会」が発足する背景

ある日突然、子どもが学校や仕事に行かなくなり、理由を聞いても何も答えないことが起こる。親としては一過性のものであって欲しい思い、必死で子どもに働きかける。しかし、親があらゆる手立てを尽くしてみても、子どもは頑なに動こうとしない。親との関わりも拒否するので、家庭の中には暗く重い空気が広がり、家族の誰もが生活を心から楽しむことができなくなる。しかも、周囲には知られたくないという思いから、家族も孤立しがちになる。A市の「親の会」は、こうした葛藤や悩みを抱える親たちが集まり、安心して自分たちの思いを語り合う場として作られた。

「親の会」といっても、運営の仕方は様々あり、休日に開いているところもあれば、平日の夜に集まる所もあるが、A市の「親の会」は月1回集まり、話し合いを続けることを主な活動としている。平日の午後に開催されているが、母親だけでなく、仕事を休んで参加する父親もいる。

（2）「親の会」1年目の話し合い

子どもの年齢やひきこもりの状態も様々な人たちの集まりなので、お互いを知るための話し合いからスタートした。

「息子は、中学校3年生から4年間ひきこもっています。昼夜逆転でゲームばかりしています。中学2年生までは、友達も多くて、家がたまり場になる程だったのに、今は誰とも付き合いはありません」と語る人もいる。「手を長い時間かけて洗います。扉を開けるときは、服をのばして服でさわりながら開けます。髪の毛は伸び放題、爪も切らない、部屋の中はぐちゃぐちゃになっています」と強迫神経症がひどいため、日常生活にも支障が生じているといった心配事も話される。

「祖父母と同居しています。おばあちゃんは孫の姿を見ると、小言を言います。私に対しても夫婦が仲良くしないからだとか、会話が無いからだと言います。親の育て方が悪かったと思っているようです。祖母の愚痴を聞くのがつらくなります。どこかへ預けてみたらと言われたりもします。姉と弟は特に問題も無く学校に通っているのにと心の中で思います」といった、姑との葛藤が語られることもある。

「親がひきこもりを認めたので、このままでいいと思うようになっているようです。待っていても何も変わらないのではと不安になります」と語る親もいる。他の親からも「2階の自分の部屋にこもって、ホテル暮らしをしているようです。トイレもあり、食事も運んでもらって自分の部屋で食べています。お風呂は夜中に入っているようです。やかましく言わなければ平和な日々が続いています」といった話がなされる。

その一方、「息子と話をしたときに本人もつらいと言って泣きました」という話もなされる。「息子は『おれは人と変わっているからこうなった。何でこうなったかわかっているが、今は言えない。20歳になるまで、こうしていたら放りだしてくれても、殺してくれてもいい』と言っています」といった話や、「息子は『パニックを起こすと息ができない、助けてと訴える』ことがあります」といった話もなされる。「息子は毎日ゲームを明け方までしています。でも、テレビをあまり見ないので、どうしてなのか理由を聞いてみたところ、『ひけめを感じる。障害者が、がんばるテレビなどを見ると自分が情け無くなる』と答えたので、息子もつらいのだと思いました」と息子への思いを語る人もいる。

親たちはお互いの話を聞きながら、それぞれの共通点や違いに思いをめぐらせていることがうかがえた。

(3)「親の会」2年目の話し合い

「高1の夏休みから3年間ひきこもりを続けており、熟睡できないようです。昼夜逆転が続いています。私とは話をしません」と語る父親。「中2の2学期に、朝からおなかが痛いと言いだしました。その頃は『休んだらあかん』と叱っていました。中3の修学旅行は頑張って行き、おみやげに私の好物のカステラを買ってきてくれました。きっとしんどかったのだろうにと思います……」と子どもの心情に思いをはせる父親。「部屋のカーテンも開けずに閉じこもっています。何を話しかけていいのかわかりません。ネット通販でゲームを買い、遊んでいます」と悩みを語りながらも、「髪の毛は自分で切っているみたいです。食事は取りに降りてくるし、お風呂にも入っているようです」と、子どもの生活の変化に目を向ける母親。

一方、「仕事に行くようになりました。しかし、夜11時頃に帰ってきて、朝4時ごろまでゲームをしています。熟睡できない状態は続いているようです。アトピーもひどくなっています」と仕事に行くようになっても不安定な状態は続いており心配だと語る父親。

「小学生、中学生の頃は全く心配しなかったが、今から思うと『ねばならない』と無理をさせていたのかもしれません。先日、『親の育て方が悪かったと思うから、この本を読みなさい』と息子から本を渡されました。その言い方にはむかっときましたが、読んでみました。子どものときから、『人に迷惑をかけてはいけない』と厳しく育てたことを反省しました。もっと抱きしめて育てればよかったのだと今は思います」と語る父親。「まちがったことをしない子でした。学級委員もしていました。しかし、その時、いじめにあっていたようです。でも、何もしてやれませんでした。その時のことが影響しているのかもしれません。今は気持ちが晴れてほしいと思います」と語る母親。「親のできることは何だろう?」というある父親の問いかけに対して、「子どもを変えたいと思ったが、パニックになった。親が子どもを変えようとするとかえって悪化すると思います」といった話がなされる。それに対して、「ほっといてもだめ、密着しすぎてもだめ、今は適度な距離感を保つようにしています」といった話や「気持ちがびっくりするほど弱く、傷つきやすい子です。でも、一人の人間として接しなければと思います」といった話がなされるなど、子どもとの関わりについても話が広がっていった。

「昼間は外に出られません。『人がこわい』と言って、今はコンビニにも行けません。ですから、私の仕事が終わる頃に待ち合わせをして、車で少し遠くに行きます。そして、街灯の下で歩いたり、走ったりします。こういった体験をすると気晴らしになるようです」という話からは、子どもが外に出る機会を少しでも作ろうとしていることがうかがえる。

「今年の夏に自動車教習所に行き、2ヶ月位かけて免許を取りました。教習所に行かねばならない朝でも起きられず、バスに乗り遅れることもありました。つい、『高いお金出してんのに』と怒ってしまいました。筆記試験当日はたくさんの人が並んでいるのを見て、緊張が強くなったようです。そのせいもあり、1回目は不合格でした。しかし、2回目で合格しました」という話にほっとする親たちの姿も見られた。

(4)「親の会」3年目の話し合い

「ここへ来て、リセットする機会になります」「妻が、フイットネスクラブに行き始めました」「親だけ、幸せになっていいのかなと思います」「弁当を買っておいてあげたり、食事をつくってあげると、『ありがとう』と言うようになりました」「最近息子の表情が柔らかくなった気がします」と、いった変化を語ることも増えてきた。「アルバイトに行くようになりました。夕方5時に行き、10時頃帰って来ます」と予兆無しに部屋から出て働き始めたので驚いたと語る父親もいる。

その一方では、「家にいても順番にこだわる。『時計が12時なったら○○しよう』と思うようだが、それができない時はいらいらするようです。強迫行為があり、物はティッシュペーパーで包んで持ちます。でも、手は洗わないし歯も磨きません」とあまり変化が見られない息子の状態を報告する母親もいる。

「病院へ行きたいというので、予約しようかと話すと、『行ける自分がいない』と言うので、『入院するか、施設に行くかしょうがないね』と言ってしまいました」といったことも正直に話される。その話の後、「4年近くひきこもっていた三男が通信制の高校に通うようになりました。週1回のスクーリングの時は、車で送って行きます」といった報告もなされる。それぞれの状況の違いをお互いに理解しているので、気兼ねすることもないようだ。

「相変わらず、テレビドラマは見ません。現実の世界は見たくないのかもしれない」といった話もなされる。「自分で病院へ予約して、問診票が送られてきました。すると、風呂も入らなあかん、服も着替えなあかんから、キャンセルすると言い出し、結局行けませんでした」という話に親たちはがっかりすることもある。

「『これでは生きていけないかもしれない』『しなければならないことがいっぱいある』と言いながらどうすることもできない状態です。でも、先日「『毛布ちょうだい』と言ったので、新しい毛布を渡すと『新しい毛布をくれるの』と息子が喜ぶので驚きました」という話からは変化の兆しもうかがえ、少しほっとした気持ちになる。

(5) 「親の会」4年目の話し合い

「朝9時半から夜9時まで、12時間近く働き始めました。仕事に行く日は1時頃には寝るようになり、生活リズムは整ってきました。でも、休みの前の夜はずっとゲームをしています」と報告する父親。仕事を始めたことで、少しほっとする半面、長時間拘束される仕事を続けるのは無理があるかもしれないと心配しておられる。仕事を選ぶことができない状況なので、見守るしか無いようだ。

「息子は外へ出られないが、普通に会話はできるようになりました。親としては何もしてやれない、待つことだけがしてやれることです」と語る母親もいる。「父親には、あいさつもしない状態が続いています。おばあちゃんは、小言を言わなくなり、『○○食べたら』とやさしく言ってくれるようになりました。私にも、『そのうち、よくなるよ』とも言ってくれるので、気が楽になりました」と語る母親。

「昨日は7時半前に起きて、犬の散歩に行きました。寝るのは1時か2時くらいですが、生活態度を変えるように話をしたので、朝早く起きるようになりました。今、歯医者にも通っています。手をしょっちゅう洗うので、手は荒れています。犬をさわった後も手を洗っています」といった話もなされる。今も強迫行為が続いているけれど朝早く起きて、外に出られるようになったことで、息子との距離も縮まる様子がうかがえる。

「食事は夜中に電子レンジで温めて食べているようです。最近、『どうしたらよいんや』『お前らのせいや』と言って怒ります。『物にあたる日はましや』とも言います」と語る母親。子どもが親を責めているが、今まで沈黙していた子どもが自分の気持ちを親に言えるようになっており、良い方向に変化していると思われる。

「今も父親のことを嫌っています。でも、父親は小言を言うのを止めて、距離を置いてくれるようになりました。私は部屋の中に入ることができます。『ハエがいるから追い払って』と呼ぶこともあります。でも、ゴミをかたづけたら『頼んでいないのに捨てた』と怒られました」と語る母親。このケースも父親が理解してくれるようになり、本人の気持ちも少し楽になっていることがうかがえる。

「弟の中学時代の友達とインターネットで交流をするようになりました。他の人とも会話をしているのか、よく笑い声が聞こえます」。「午後3時に車を運転して出かけて行き、朝3時頃帰ってきたことがあります。お風呂から出た後も誰かとずっと楽しそうにしゃべる声が聞こえます」といった息子の変化を喜ぶ報告もなされる。

「バイトをしている時は、朝5時15分から9時15分まで働くので、朝も早く起きていました。でも、バイトを止めた途端に昼夜逆転の生活に戻り、今は朝8時頃寝て、午後3時から5時に起きています」。「最近、調子が悪くて自分がひきこもっていました。すると、息子の気持ちが理解できたような気になりました。これまで、頭でわかっているつもりだったけど、自分が体験して本当にわかった気がしたのです」と、自分の心の変化を語る母親もいる。「相変わらず歯を磨かないけど虫歯にはならないので、『あんたは歯が丈夫だね』と言いました」という母親の話からは、子どもの良い所を見つけようとするやさしさが感じられる。

なお、他の会にも参加するようになった人から、「自分の子だけの問題では無いとわかりました」という話がなされる。その一方、「他の研修会に参加して話を聞くと、気が重くなります。ここでは、笑えるので気持ちが楽になります」と語る母親もいる。研修会に参加した体験を報告し合い、学びを共有し、広い視野でひきこもりについて考えようとしていることもうかがえる。解決には至らず、悩みや葛藤は尽きないが、親たちは子どもへの気付きや理解を深めている。

2　親と子に起きた小さな変化

(1)　親の気持ちの変化

親の会が始まった当初は、まだ自分の胸の内を明かすことにためらいを持っておられる方が多いという印象だった。簡単な近況報告ですませる人もおられた。一方、新規に参加された方の話を聴くだけで会が終わってしまうこともあった。そこで、10分位ずつ順番に話をするというルールを決めたが、参加者の中には、「私はあまり話すことは無いので、○○さん私の分までお話しください」と譲られる方もおられた。

子育て環境や雇用環境の変化など、社会問題が話題の中心になることもあった。ひきこもりを個々の家族の問題や本人の性格の問題に帰すのではなく、社会問題として考えことは重要だが、そうした視点で議論が続くと、子どもとの関係性について考える事から遠ざかってしまう傾向もみられた。そうした時に、率直に自分の思いを語り始める方がおられると、場の雰囲気が変わる契機になった。

ひきこもりへの社会的な関心が高まったとはいえ、実際の世話や責任は家族に委ねられている。日々の生活を親が必死で支えて、回復のための努力を続けているが、親もともすれば自罰的になり、自分の子育てに何か問題があったのだろうかと、過去をふりかえることにとらわれてしまうこともある。「○○してやれば良かった」と悔やんだり、失敗体験ばかりが頭の中をかけめぐってしまい、落ち込んだりする。

親の会に参加しても、解決の糸口が即座に見つかる訳でもなく、子どもの状態が好転するといった奇跡も起こらない。しかし、悩みや愚痴を語るうちに、不思議と親たちの顔が明るくなることに気付かされる。苦しんでいるのは、自分一人では無い事がわかり、気持ちに余裕が生まれるようだ。一方、家族以外の人との関わりを楽しむ親の姿を見ることは、ひきこもり当事者にも間接的に影響を与えることがうかがえる。

このように、親の会は手探りで進められたが、親同士は徐々にお互いの立場や状況を理解し合い、関係が深まっていった。いつの間にか4年が経過したが、子どもに大きな変化が起きない人もいる。でも、焦ってもしかたがない、いつか立ち直ってくれる、そう信じて待つしかない、その気持ちが親を支えている。

(2) ひきこもり当事者の変化

生活リズムの乱れから健康を害することを心配している親も多く、昼夜逆転の生活を変える術は無いのかといったことが頻繁に話題になった。先の内閣府調査でも「昼夜逆転の生活をしている」割合はひきこもり群では42・3%、一般群11・4%であり、生活が夜型になっている人が多いことがうかがえる。

しかし、「明け方までインターネットでゲームをし続けているが、くたくたになるまで疲れ果てないと眠ることができないのだろう」と、息子の心情を思いやる父親の発言や、「昼間よりも夜間の方が安心して過ごせるようだ」という発言を聞いていた親たちは、そのままの生活スタイルを容認するしか無いのではという考えに落ち着いていった。親が口を出さなくなると、逆に子どもの方から生活を変えようとする動きが見られるようになっていった。

ところで、先の内閣府調査では、「誰とも口をきかず過ごす日が多い」という回答はひきこもり群27・1％、一般群3％だった。この回答に見るように、家族や親との接触も避けるようになり、会話をしないで過ごす人が3分の1弱もいることがうかがえる。

親の会でも、「子どもの声を聞いたことが無いとか、部屋に篭もってしまい、姿を見ることも無いので、そっと庭先から子どもの部屋を覗いて、生きているのか確認します」という話や、父親との会話を避けるという話がなされた。どのケースも、その後は母親との意思疎通が図られるようになっていったことがエピソードからうかがえる。

まだ自ら相談に出かけたり、病院へ行くことができない人も多いが、親が精神科医に相談に行き始めたことを契機に、受診につながったケースもある。さらに、車の免許を取得したことを契機に、ネットで知り合った友達と旅行に行ったり、アルバイトを始めた人もいる。その一方では、「物を壊し、壁に穴を開ける時は、まだましな時だったと子どもが話しています」という報告にみられるように、今もじっとつらさに耐えている人もいる。

彼らの生育歴やひきこもる前のエピソードを聞くと、剣道をがんばっていたとか、学級委員をしていたなど親の期待を裏切らないように精一杯努力していた人が多い。それだけに、自分がひきこもりになった時に味わう苦しみは大きく、悔しくてしかたがなかったと思われる。しかし、親が今の状態を受け入れてくれていると感じられるようになると、自己否定感や絶望感から少しずつ解放されていき、人と関わることを求める気持ちが高まるなどの変化も起きている。

（3）当事者の意思を尊重しながら、ゆるやかな支援を行う

筆者は参与観察者としての立場を取りつつ、時には専門的な情報提供も行った。例えば、竹中（2010）[4]の論文を紹介し、以下のようなことを大切にしようと話し合った。

・過去をふりかえるのではなく、健康な部分を伸ばしていく。
・ゆるやかな支援。ゆきつもどりつしながら成長する。休息の時間が必要。
・人とのつながりの回復、社会とのつながりの回復。家⇩近隣⇩社会。
・不自由な状態から、少しでも自由な状態へ。

・親は適切な距離を取る。争い事は休戦にする。
・本人への支援は本人の意志を尊重して行う。
・ライフステージに沿った支援が必要。

こうした基本姿勢で親が子どもに関わることが直ぐにできた訳ではない。「親の会」が発足した頃は親自身も自罰的になり、原因探しをすることもしばしばだった。「○○してやれば良かった」と子育ての失敗体験ばかりに目が向けられることもあった。相談機関での助言に納得できず、「本当にそっとしておくだけでいいのだろうか」「子どもの今の状態を受け入れることが、甘やかしになるのでは」といった迷いも見られた。

しかし、毎回、同じような悩みを語り、聞き合うことを続けているうちに、子どもと適切な距離を取ることができるようになったり、子どもとの会話ができるようになったりした。すると、他人との接触を怖がっていた人が、保健師の訪問を受け入れるようになったり、ネットを通して友人ができたりといった変化も生じたのである。

おわりに

発足して数年しか経過していない親の会の活動を紹介したが、こうした会が地域にたくさん作られることが望まれる。親が自分に合う場を選び、そこで様々な立場の人の話を聞くことで、あきらめや絶望から救われることも多い。親を通して、ひきこもり当事者も苦しんでいるのは、自分一人では無いと感じることができるだろう。深い愛情で見守ってくれる親がいることは、子どもの安心感や自信を増すことにもつながり、新たな生き方を見いだす土台にもなる。

ところで、この本の第1部に、学校に行かなくなった子どもを叱ることしかできなかった親の姿が赤裸々に書かれている。冷静な判断力を失い、父親が子どもの頭ごなしに説教する姿も描かれている。学校に行くことを強要する父親はどんなにつらくても仕事を休むことを許されないのだと語っている。会社の論理でしか物事を考えることができない父親も社会の被害者だと思うが、人格を傷つけるような言葉を浴びせ、それがトラウマになってしまうような言動は止めるべきだったと思う。

教師や級友からのいじめなどにより人格を無視される体験をした子どもが、これ以上傷つくことから自分を守るため、学校に行かないことを選んだのであり、そのことに親は気付き、子どもを守るべきだったと思われる。

親の会でも子どもの行動に苛立ち、子どもに嫌みを言うなど追い詰めるようなことをしてしまったという話がしばしばなされた。このまま何も言わないのは、甘やかしになるのではという思いが語られることもあった。しかし、そうした親の弱さや葛藤を率直に語る場があったので、関係が悪化するような深刻な事態は避けられた。子どもへの負の感情を吐き出すことで、子どもを傷つける言動を抑制できたのだと思われる。

今でも外に出られない状態が続いている人や仕事に就いても直ぐに辞めてしまう人もいる。それでも、親たちはこの状態に寄り添って生きようとしておられる。小さい変化が起きることを楽しみにしながら、共に歩んでいこうとしている、そんな親たちは自分自身受け入れ、人生の楽しみ方も見つけて素敵に生きておられる。

ここまで親の会を中心に述べてきたが、親たちの努力だけで問題が解決するとは思っていない。医療が必要なケースや専門職による介入が必要なケースもある。しかし、とても繊細で豊かな感性を持っておられる人[5]も多いので、自分に合った場所[6]を見つけることができたら、きっと様々な能力や可能性が花開くと思われる。

人への不信感や恐怖感を抱くようになってしまった人たちが、安心や自信を取り戻すまで、時間をかけて適切な支援を継続する必要がある。家から出ることもできない人に対してはアウトリーチによる支援を行うことも必要である。通所施設においても就労自立を急ぐのではなく、浮き沈みしながらゆっくりと回復するペースに合わせた支援を行うことが大切だと思う。

注

1　内閣府「若者の意識に関する調査（ひきこもりに関する調査）概要版」（最終閲覧日二〇一五年一一月二〇日）http://www8.cao.go.jp

2　NPO法人全国引きこもりKHJ親の会は二〇一五年一二月一日から「特定非営利活動法人KHJ全国ひきこもり家族会連合会」に名称変更がなされました。KHJとはKazoku Hikikomori Japanの略です。

3　NPO法人全国ひきこもりKHJ親の会、境泉羊他『「引きこもり」の実態に関する調査報告書⑩』二〇一三年。

4　竹中哲夫『ひきこもり支援論』明石書店、二〇一〇年

5　田辺裕（2000）『私がひきこもった理由』ブックマン社、二〇〇〇年に著者たちや、この本の一部の執筆者たちの手記からも、感性が豊かな人が多いことがうかがえる。

6　荻野達史『ひきこもり　もう一度、人を好きになる』明石書店、二〇一三年に紹介されている仙台「わたげ」のような活動の場を増やすことが求められている。

あとがきにかえて

不登校の子どもたちは、文部省が調査を始めた１９６０年代以降増加し続け、少子化にもかかわらず、近年12万人前後と高水準での横ばい状況が続いています。また、「広義のひきこもり」の子ども・若者は、内閣府の調査によれば現在約70万人と推定されています。学校や職場などには行かず「家にひきこもっている」ということは、自己決定・自己表現の一つとも言えますが、社会的にはマイナスのイメージを持って捉えられてきました。一方１９９１年には、厚生省の福祉事業として「ひきこもり・不登校児童福祉対策モデル事業」が打ち出され、公的に初めて「ひきこもり」という言葉が用いられました。

ひきこもりが社会問題として看過できなくなり、政府も支援への腰を上げ始めたのは、２０００年代に入ってからです。その原動力となった一つは、ひきこもりの子どもを持つ親たちが声を上げたことです。たとえば１９９９年には、ひきこもりのわが子をもつ保護者によって「全国引きこもりＫＨＪ親の会」が結成されました。当初は、ひきこもりは親の甘やかしといった偏見も多く、外部に支援を求めることは、勇気のいる行動でした。

こうした動きも受けながら、２００３年に厚生労働省は、「10代・20代を中心とした『ひきこもり』

をめぐる地域精神保健活動のガイドライン―精神保健福祉センター・保健所・市町村でどのように対応するか・援助するか―」を策定しました。ここでは、「ひきこもり」について、「『自宅にひきこもって社会参加しない』という共通の行動をとっている、多彩な状態への地域精神保健活動のあり方に対する指針であることを念頭において読んでいただきたい」と述べられています。

現在、政府のひきこもり（不登校）支援施策は、厚生労働省や内閣府、文部科学省などを中心に取り組まれています。各省・府編集の『白書』とホームページに基づき現状の一端を紹介し、今後の課題を示しておきます。厚生労働省の最近のひきこもり対策推進事業は、「社会的孤立に対する施策について～ひきこもり施策を中心に～」（２０１５）にまとめられています。また、各年度『厚生労働白書』にも簡潔にふれられています。これらを参照しながら施策の到達点と課題についてまとめておきます。

厚生労働省は、従来各自治体の精神保健福祉センター、保健所、児童相談所などを中心に、ひきこもりに関する相談支援を行ってきました。２００９年度より都道府県・指定都市において「ひきこもりに特化した第一次相談窓口」として「ひきこもり地域支援センター」の整備を進めてきました。同センターは、２０１６年6月20日現在、全国に67ケ所設置されています。また、２０１３年度からは、「ひきこもりサポーター養成研修、派遣事業」が実施されています。これは、「ひきこもりの経験者（ピア・サポーター）を含む『ひきこもりサポーター』を養成し、派遣することにより、地域に潜在するひきこもりを早期に発見し、適切な支援機関に早期につなぐことで自立を促進する」という内容です。また、２０１５年度からの事業としては、「生活困窮者自立支援法における社会的孤立（ひきこもり等）への対応」が挙げられています。ここでは、「自立相談支援機関（生活困窮者自立支援法）」で受け付ける「生活困窮者」の中には、「ひきこもりの問題を抱える者」が含まれるとしています。今後、自立相談支援機関でどの程度ひきこもり対応がなされるのか、ひきこもり支援関係者から注目されています。さらに厚生労働省は、「地域若者サポートステーション」をＮＰＯ法人等に委託し、全国に設置してきました（２０１６年4月現在１６０ケ所）。ここでは主に、「働くことに悩みを抱えている15歳～39歳までの若者に対し、就労に向けた支援」を行っています。この若者の中にも、部分的にひきこもり傾向のある若者が含まれています。

内閣府では、「子ども・若者育成支援推進法」（２００９）の成立と翌年の施行をうけて、「子ども・若者支援地域協議会」「子ども・若者総合相談センター」を全国の都道府県、市町村に普及させる方針です（各年度『子ども・若者白書』等参照）。この協議会の支援対象には、ニートやひきこもりなど困難をかかえる若者が含まれています。ただし、地域協議会の設置状況は、２０１６年４月現在、全国に89ケ所に留まっています。全国都道府県・市区町村（２０１６年1月現在：１７８９）における設置には、まだ相当な距離があります。

文部科学省の施策としても、様々な不登校への対応が行われています（各年度『文部科学白書』等参照）。「教科指導・生徒指導・教育相談」をはじめ、教育支援センター（適応指導教室等）、「スクールカウンセラー等活用事業」、「スクールソーシャルワーカー活用事業」などが行われています。また、「教員を中心に、多様な専門性を持つスタッフを学校に配置し、学校の教育力・組織力を向上させるための「チーム学校」という施策も2015年度予算に措置されました。この点に関しては、今後の動向が注目されると同時に、教育現場における子どもたちの立場に立った実践の蓄積が期待されています。

以上をふまえながら、これらの施策の今後の充実のために4つの点を指摘しておきます。

①厚生労働省のひきこもり対策については、ひきこもり地域支援センターの都道府県・政令都市以外の自治体への設置拡大が望まれる。また、地域若者サポートステーションについては、ひきこもる若者へのより積極的な対応を含む運営内容の充実と安定的運営のため制度の改善が望まれる。②内閣府が推進している子ども・若者支援地域協議会については、その設置自治体の一層の拡大と支援内容・支援ネットワークの充実化が望まれる。③文部科学省の不登校施策については、子どもたちが安心して通学できる教育環境の整備を中心に、スクールカウンセラー、スクールソーシャルワーカーの養成確保とチームとして機能していくための職務内容の充実などが望まれる。また、不登校児等が、中学校や高校を卒業後あるいは高校中退後に若者支援ネットワークに適切につながる

ための仕組みを確保することなどが望まれる。④以上にふれた諸施策全般の適切な機能発揮のためには、各省・府・地方自治体のネットワークの充実が望まれる。また、民間支援団体への公的支援と公・民のネットワーク形成が一層進むことが望まれる。

1990年代の労働政策の転換やバブル経済崩壊以降の不況の影響等もあり、非正規や派遣などの不安定雇用が増大してきました。また、自己責任が厳しく追及され、職場ではノルマに追われるような状況も見られます。こうした職場で働くうちに、人間関係に疲れ、ストレスが高じて仕事を辞める人も多くなっています。心身の健康を損なう人も増えており、こうした雇用環境の悪化がひきこもりの増加の要因にもなっていることがうかがえます。

しかし、メディアで報道される内容等を見ても、ひきこもりをめぐる情勢は依然として厳しいものがあります。過保護・過干渉などの子育てに問題があるとか、忍耐力に欠けるといった本人の性格に問題があるかのような指摘がなされることもあります。こうした偏った見方や否定的な見方が社会にあふれているため、不登校やひきこもりの本人はもちろん、家族までも自分を責めたり肩身の狭い思いで生活せざるを得ない状況があります。

外の世界から身を守るために家に閉じこもって、安心できるとは限りません。親子の葛藤や軋轢が高まり、家の中でやり場のない怒りが爆発したり、時には自傷行為、強迫神経症などを発症することもあります。何もしないで家にいるのは楽だろうと思われるかもしれませんが、現実はそうではありません。ひきこもる本人も家族も心が休まることは、なかなか無いのです。

本書では不登校やひきこもりを経験した青年たちが、自分の内面を見つめながら、そこで何が起こったのか率直に綴ってくれています。親への失望感や怒りを書いた人もいます。他方では、親や支援者などの対応が寛容で、救われたことを書いている人もいます。こうした事例からは、専門家や親の会などとの出会いが、子どもに対する親の対応にも大きな影響を与えたことをうかがうことができます。当事者の語りに耳を傾けることを通して、不登校・ひきこもりとどう向き合えばよいのか、それぞれの立場から考えていただけたらと思います。もちろん、現実にはもっと様々な実態があり、本書で述べていることが全てではありませんが、内に籠らざるを得なかった人の気持ちを推し測る一つの手がかりになることを願っています。

なお、本書の出版にあたって、三学出版の中桐信胤氏には、毎月の編集会議にも参加していただき、的確な助言、尽力をいただきましたこと、心より感謝申し上げます。

２０１６年６月

編者一同

編者紹介

春日井敏之（かすがい　としゆき）
1953年生まれ。立命館大学文学部、大学院応用人間科学研究科教授。専門分野は、臨床教育学、教育相談論。主著『思春期のゆらぎと不登校支援－子ども・親・教師のつながり方』（ミネルヴァ書房、2008年）『出会いなおしの教育－不登校をともに生きる』(同前、2013年、共編著) など

櫻谷眞理子（さくらだに　まりこ）
1949年生まれ。立命館大学産業社会学部教授。専門分野は、子育て支援、児童福祉、臨床心理学。主著『子育て支援の現在』（ミネルヴァ書房、2002年、共編著)、「児童養護施設退所者へのアフターケアに関する研究」『立命館産業社会論集』49巻4号（2014年）など。

竹中　哲夫（たけなか　てつお）
1941年生まれ。日本福祉大学名誉教授、日本福祉大学心理臨床研究センター (心理臨床相談室) 研修指導員。専門分野は、臨床心理学、ひきこもり支援論。主著『ひきこもり支援論－人とつながり、社会につなぐ道筋をつくる』（明石書店、2010年)、『長期・年長ひきこもりと若者支援地域ネットワーク』（かもがわ出版、2014年）など。

藤本　文朗（ふじもと　ぶんろう）
1935年生まれ。滋賀大学名誉教授。教育学博士。全国障害者問題研究会顧問。専門分野は、障害者教育。主著『障害児教育の義務制に関する教育臨床的研究』(多賀出版、1996年)、『ひきこもる人と歩む』（新日本出版社、2015年、共編著）など。

ひきこもる子ども・若者の思いと支援
――自分を生きるために――

2016年7月25日初版発行
2024年8月30日2刷発行

編　者　春日井敏之・櫻谷眞理子
　　　　竹中哲夫・藤本文朗
発行者　岡田金太郎
発行所　三学出版有限会社
〒520-0835　大津市別保3丁目3-57 別保ビル3階
TEL 077-536-5403
https://sangakusyuppan.com/

モリモト印刷（株）印刷・製本